VISUAL

日経文庫　ビジュアル

ビジネスモデル がわかる

早稲田大学教授
井上達彦
INOUE TATSUHIKO

日本経済新聞出版

　この20年ほどで主要なビジネスモデルが大きく変わってきました。巨大EC（電子商取引）が小売を支配し、SNSで影響力を持ったインフルエンサーが情報発信の主役になりました。AI（人工知能）が発達し、少人数でも事業規模を拡大できるようになりました。そして何よりも、米国や中国のスタートアップ企業がわずか数年で時価総額ランキングの上位に入り、世界中から注目を浴びるようになりました。

　実は、このような変化は1990年代にすでに予見されていました。当時はあまり目立った動きではなかったので、「ビジネスモデルの静かな革命」として議論されていました。想定外だったのは革命の大きさと進行スピードで、あっという間に拡大し、世界を飲み込んでいったのです。

- 所有から利用、そしてシェアへ
- 有料が当たり前の世界からフリーへ
- 売り切りから継続／サブスクリプションへ
- 自前主義からオープンイノベーションへ
- 価値連鎖からプラットフォームへ

　この革命の背景にあるのはデジタル化の3つの波です。第1の波は、インターネット革命で、この時代にECサイトが誕生しました。第2の波は、スマホやSNSならびにクラウドサービスの登場で、これによって、顧客へのコンタクトは容易になり、サーバーへの投資な

しにビジネスを立ち上げることができるようになりました。そして第3の波は、ビッグデータとAI、ならびに決済インフラの進化です。電子決済が瞬く間に普及し、個々人の利用状況から与信管理するようなサービスが生まれました。

　一見すると、これらはネットの世界で完結しているように見えます。しかし、これらの革命がもたらす変化は、ネットを越えてリアルの世界を揺るがします。

　しかもこの変化はコロナ危機によって加速しています。デジタル技術は言葉にしにくいノウハウ（暗黙知）をポータブルにして、遠く離れたところにあるノウハウと結合して新しい価値を生み出します。非接触経済において、これほど頼もしい技術はありません。また、コロナ危機という外的変化によって、これまでの「当たり前」は通用しないことを悟った経済社会が、自らの殻を破り前向きに動き出しているのです。

　本書はビジネスモデルの主要な論点を網羅的に扱った入門書です。しかし短時間で要点を確認することもできるのでエキスパートにも活用していただければ幸いです。

　2021年4月

　　　　　　　　　　　　　　　　　井上　達彦

ビジュアル ビジネスモデルがわかる

目 次

第 1 章

ビジネスモデルの
パラダイムシフト

1

セルフチェックして みよう

　まずはじめに、あなたの会社のビジネスモデルの現状についてセルフチェックしていただきます。

　18の項目がありますので、該当するものに✔をつけてください。最初の4つは新しい事業やビジネスモデルのつくり方に関するもの、次の4つはビジネスモデルの基本構造にかかわるもの、そして最後の10個はビジネスモデルにおける稼ぎ方についてのものです。

▶ チェックの付け方

　✔するにあたって、現状について素直に答えてください。たとえあなたが「こうあるべきではない」と思っていたとしても、現状がそうなっていたら✔をつけてください。理想の姿ではなく、現状を把握するためです。

　もし、ほとんどの項目に✔がつかないのであれば、あなたの会社にとって本書は必要ないかもしれません。しかし、5〜6個の項目に✔がついた場合は該当箇所について、ビジネスモデルの知識をアップデートすべきです。

　さらに相当数（たとえば半分近く）に✔がついてしまった場合は、現状のビジネスモデルの是非について検討する必要があります。本書は3時間程度で読めると思いますので、早速読み進めてください。

ビジネスモデル創造

- [ ] 事業提案では完璧に近い事業計画が求められる
- [ ] 売上、利益、キャッシュフローの5年間予測が求められる
- [ ] 計画立案には何ヶ月も要する
- [ ] 事業の失敗は基本的に許されず例外的だとされている

イノベーションとプラットフォーム

- [ ] 自社で開発したものを売却する動きは活発ではない
- [ ] 競合他社が開発したものを積極的に買収しようとはしない
- [ ] 我が社は伝統的なモノづくり企業、ないしは流通・小売企業である
- [ ] プラットフォームという言葉とは無縁である

収益モデル／マネタイズ

- [ ] 販売数や利幅の増大がKPI（鍵となる成果指標）である
- [ ] すべての活動が販売の瞬間に向けられている
- [ ] 顧客との関係はスポットであり、継続が約束されているわけではない
- [ ] ある商品を無料にして、別の有料商品で回収するという発想、あるいは基本機能を無料にして、プレミアム版を有料にして回収するという発想はない
- [ ] フリーから収益を上げるという道筋を立てることはない
- [ ] 基本的に有料の製品・サービスでビジネスを行っている
- [ ] いわゆる計画的陳腐化によって収益を伸ばしている
- [ ] 収益の上げ方は売り切りの物販収入が当然視されている
- [ ] 自社の製品をシェアさせるサービスは考えられていない
- [ ] 採算性よりもデータ収集に重きをおくことはない

2 パラダイムシフトが起こった？

▶ ビジネスモデルを学ぶ意義

　先のリストで✔が多くついた会社は、オールドエコノミーの常識に支配されている会社です。しかし、ニューエコノミーでは、ビジネスモデルの常識は全く新しいものになり、その前提や価値観が大きく変わります。このパラダイムシフトに対応できない企業は淘汰されかねない状況です。

　会社の実態はともかくとして、あなた自身は下記のパラダイムシフトを感じ取っているのではないでしょうか。

▶ 主だった変化

- モノからコト、コトから経験価値（UX）へと消費の対象が変わった
- 成長株といえば、バリューチェーン型の製造業ではなく、プラットフォーム型のサービス業が目立つ
- 所有が当たり前ではなくなり、他人とシェアするサービスが広まっている
- 売り切り中心の物販よりも、継続を前提としたサブスクリプション（定額制）が望ましいとされる
- 有料でもおかしくないサービスが、無料で提供される
- ビッグデータとAIを活用したスタートアップが活躍している
- リーンスタートアップという言葉を頻繁に耳にする

"business model"をトピックとした出版物数の推移

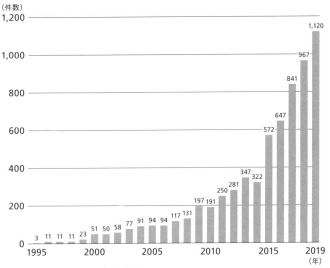

(件数)

作成:近藤祐大・坂井貴之(井上達彦研究室)

ビジネスモデルにかかわる出版物は一貫して増加傾向にあります。世界最大級のオンライン学術データベースであるWeb of Scienceの全分野を対象に、"business model"でトピック検索を行いました。1995-2019年に出版された書籍や論文や記事などの数の推移がこのグラフに示されています。

3 あなたの会社は大丈夫か

▶ ビジネスのインフラの変化

　あなたが、前ページのようなシフトを感じているにもかかわらず、勤務している会社がもし旧態依然としたビジネスモデルに甘んじているとすれば、それは危機的な状況だといえます。もちろん、必要に応じてビジネスモデルを変革してイノベーションを起こせばいいのですが、これが容易ではありません。なぜなら、旧態依然とした会社ほど、新事業のつくり方も遅れているからです。

▶ 伝統的な事業計画のつくり方

　かつて、ビジネスは綿密な事業計画プロセスでつくられていました。まず、入念な調査と分析のもと事業計画が数ヶ月かけて策定されます。その書類には、売上と利益とキャッシュフローの5年間の予測が求められ、会議室で評価されます。次に、会議室で承認された製品・サービスは、長い開発期間を経て市場に投入され、最後に、市場の反応が確かめられるのです。

　成果が出ないこともあるのですが、会社は失敗に寛容ではありません。次第に挑戦する人はいなくなっていきます。もし、あなたの会社の新事業創造のあり方が、綿密な計画に基づく、失敗に寛容でないものだとしたら、イノベーションを起こすことは難しいはずです。

戦略	事業計画
	実行を重視
新製品 開発プロセス	製品マネジメント
	プランをもとに 一定の段階を踏みながら製品を準備
エンジニアリング	アジャイルまたはウォーターフォール開発
	やり直しをしながら、あるいは 事前に仕様をすべて固めてからつくる
組織	職能別組織
	経験と実行能力を重視した採用
財務報告	会計
	損益計算書、貸借対照表、 キャッシュ・フロー計算書
失敗	例外的な事態
	幹部を更迭して立て直しを図る
スピード	計画通りのスピード
	完全なデータを基に事業を運営

出所：スティーブ・ブランク「リーン・スタートアップ：大企業での活かし方」
『Diamond Harvard Business Review』2013年8月、p.45

伝統的手法は1970年代の中期経営計画が隆盛した時代から続く
オーソドックスな方法です。

4 小さく、早く、賢く

▶ 新しいビジネスモデルのつくり方

　綿密な事業計画プロセスとは対照的に、新しい方法では、作成に時間がかかる事業計画は練られません。事業についての仮説を立てるような形でビジネスモデルが描き出され、小さな失敗を繰り返しながら、早いタイミングで軌道修正（ピボット）が行われるのです。

　これはリーンスタートアップと呼ばれる手法で、もともと起業のために開発されました。近年、大企業でも導入が可能かつ必要だという認識が広まり、注目を集めています。

▶ 伝統的な方法との違い

　リーンスタートアップはビジネスモデルの探索に重きを置きます。こまめに仮説を立てて、こまめに検証する。これによって、最適なビジネスモデルをつくり上げていくのです。基本原則は３つです。第１に、調査や計画立案に何ヶ月も費やす代わりに早めに仮説を立てる。第２に、会議室ではなく外に出て実際の顧客を相手に仮説を検証する。そして第３に、検証に向けて実用最小限の製品（MVP: Minimum Viable Product）をつくり、試行錯誤を繰り返して改善する。

　小さな失敗は当然視して、学習しながら最適なビジネスモデルを探索していくというパラダイムシフトです。

戦略	ビジネスモデル
	仮説を重視
新製品開発プロセス	顧客開発
	オフィスを飛び出して仮説を検証
エンジニアリング	アジャイル開発
	やり直しを重ねながら少しずつ製品をつくる
組織	顧客対応チームとアジャイル開発チームが主体
	学習意欲、柔軟性、スピードを重視した採用
財務報告	重要な指標
	顧客獲得コスト、顧客の生涯価値、離反数、口コミ効果
失敗	予想される事態
	アイデアを練り直し、うまくいかない場合は軌道修正する
スピード	迅速
	妥当なデータを基に事業を運営

出所：スティーブ・ブランク「リーン・スタートアップ：大企業での活かし方」
『Diamond Harvard Business Review』2013年8月、p.45

リーンスタートアップは、もともと起業／スタートアップ向けの手法として脚光を浴びましたが、これが大企業の新事業創造にも有用であるとして広がっています。

5 パラダイムシフト

▶ 物財の稼ぎ方

　ビジネスモデルのパラダイムシフトは、その "つくり方" にとどまりません。"モデルそのもの" についても多様な転換が見られるようになりました。

　デジタル技術が未発達の時代は、モノ（物財）をベースに経済活動が行われ、モノを生産して販売するというのが普通でした。モノの生産にはコストがかかるので、それを回収するために所有権を渡してその対価を得る、という稼ぎ方が常識となったのです。

▶ デジタル財の稼ぎ方

　ところが物財とは対照的に、デジタル財は複製にコストはかかりません。しかもインターネットの発達により、流通も容易になりました。財を開発して生産するときのコスト構造が抜本的に変わり、収益設計のあり方が多様になったのです。稼ぎ方もシェア、フリーミアム、サブスクリプションなど物販とは違うものが当たり前になりました。

　ただし、稼ぎ方だけに注目していてもビジネスモデルは刷新できません。それを構成する要素を連動させて価値づくりをしなければならないのです。

　それでは、ビジネスモデルとは一体どのように捉えるべきなのでしょうか。

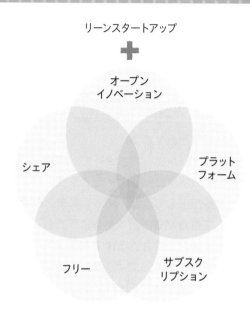

リーンスタートアップ

オープン
イノベーション

シェア

プラット
フォーム

フリー

サブスク
リプション

1. 伝統手法からリーンスタートアップへ
2. 自前主義からオープンイノベーションへ
3. 価値連鎖からプラットフォームへ
4. 売り切りからサブスクリプションへ
5. 有料からフリーへ
6. 所有からシェアへ

本書では、「ビジネスモデルのつくり方のシフト＋５つのモデルシフト」の合計６つを紹介します。

6 ビジネスモデルとは

▶ 2つの捉え方

　ビジネスモデルというと一般的には「儲けの仕組み」と理解されています。そして、その「儲けの仕組み」には狭い意味と広い意味があります。

　狭い意味では「いかにしてお金を払ってもらうのか」という稼ぎ方がテーマになります。モノやサービスを販売してその対価を払ってもらうか、あるいはモノやサービスを使い放題にして毎月定まった料金を払ってもらうか、というような課金方法が議論されるのです。

　一方、広い意味の捉え方では「誰に、どのような価値を、どのように届けるか」まで含めて「儲けの仕組み」が議論されます。

▶ 本書の捉え方

　学術的には広い捉え方が主流です。なぜなら、収益の上げ方だけを工夫しても、収益性は高まらないと証明されているからです。気前のいい顧客をターゲットにできれば、自然に儲けやすくなります。顧客の困りごとを解消できれば価値も高まり、たくさん支払ってもらえるでしょう。さらにライバルから真似されないような製品であれば、価格競争に陥らなくても済みます。このようにトータルな視点から価値創造の論理を考えていくべきなのです。

広義の捉え方

価値の創造と獲得の論理
↓
誰に何をいかに提供して収益を上げるか

狭義の捉え方

収益モデル
↓
いかにしてお金を
払ってもらうか

1995-2016年の間に、明確な定義づけを含んだ英文の学術論文は71本発行されていますが、その中で狭義の捉え方（利益の上げ方）を採用していたのは、わずか2本でした。

ジョアン・マグレッタのビジネスモデルの定義

「ビジネスモデルとは、どのようにすれば会社がうまくいくかを説明するストーリー。優れたビジネスモデルは、顧客は誰で、その価値は何かに答えてくれるし、また、どのように稼ぐのか、そして、どうすれば適切なコストで顧客に価値を届けられるかの経済的なロジックを示してくれる」

---

7 稼ぎ方だけに 注目することの問題

▶ 収益性を左右するもの

　そもそも「収益モデル」だけを工夫しても事業は成立しません。たとえば、サブスクリプション（定額使い放題）は安定的に収入が得られる収益モデルですが、これを導入しさえすれば儲かる、というほど甘くはありません。

　定額使い放題を成立させるためには、いくつかの前提条件が必要です。扱う製品・サービスは、楽曲や動画のように頻繁に利用されること。そして、短期間では消費しきれないほどの種類を用意する必要があることなどです。

▶ ビジネスモデルの定義

　それゆえ、本書では広い捉え方から「ビジネスモデル」を定義していきます。それが、「どのように価値を創造し、顧客に届け、利益を獲得するかを論理的に記述したもの」という定義です。もちろん、狭い意味での稼ぎ方も大切なので、これを「収益モデル」と呼んで区別します。

　定義が違えば、そのつくり方も変わってきます。ビジネスモデルづくりにおいては、目先の稼ぎ方ばかりでなく、価値創造全体を考えなければなりません。「誰に、どのような価値を、どのように届けるか」にまで視野を広げて、「利益獲得の方法」を設計しなければならないのです。第2章、第3章、第4章では、そのつくり方について解説します。

ビジネスモデルのパラドックス

**「収益設計ばかりを気にすると
顧客にそっぽを向かれて儲からなくなる」**

認知心理学「選択バイアス」に陥る
- 焦点が収益設計のみに集中
- 儲け方に関わる情報だけを選択
- 長期ではなく短期
- 顧客への価値提案がおろそかになる

**目先の利益ばかりを追求すると
長期的な価値を生み出す構造がつくれなくなる**

人間の認知能力は限られているので、ある部分に過度な関心が向けられると、他の肝心な部分や全体を見失いがちです。

ビジネスモデルの定義

　ビジネスモデルの定義は多様だと言われますが、その本質は「価値の創造と獲得（稼ぎ方）」にあるというコンセンサスは得られています。

- 「優れたビジネスモデルは、顧客は誰で、その価値は何かに答えてくれるし、また、どのように稼ぐのか、そして、どうすれば適切なコストで顧客に価値を届けられるかの経済的なロジックを示してくれる」（ジョアン・マグレッタによる定義）

- 「ビジネスモデルは、顧客への価値提案を支えるロジック、データ、エビデンス、ならびにその価値を提供する企業の収入とコストの構造を表現する」（デビッド・ティースによる定義）

- 「ビジネスモデルは、4つの相互に関連づけられる要素から成り立っており、それらが一体となって価値を創造して届ける。それらは、顧客への価値提案、収益方程式、カギとなる経営資源と業務プロセスである」（マーク・ジョンソンらによる定義）

第 2 章

ビジネスモデルのつくり方
戦略分析

8 ビジネスモデル創造の 3つのアプローチ

▶ 3つの系統

　ビジネスモデルづくりに関しては、実に多様な手法が提唱されています。それを記述するためのフレームワークは、データを大切にするもの、言葉を大切にするもの、矢印で示せる関係を大切にするもの、というようにさまざまです。これらの手法は、3つのアプローチに系統立てることが可能です。それは、①戦略分析アプローチ、②顧客洞察アプローチ、③パターン適合アプローチです。

▶ 仮説検証のサイクル

　3つのアプローチのいずれを選ぶにしても大切なのは「仮説検証のサイクルを回す」ことです。本書では、この仮説検証を少し細かく砕いて「分析・発想・試作・検証」のサイクルとして示すことにします。

　戦略分析アプローチでは、じっくりと計画を立てて万全の状態で仮説検証するのが一般的です。しかし、ビジネスモデルづくりにおいては、こまめに仮説を立てて、小さく、早く、賢く回して検証するのが大切です。それぞれのアプローチが、どのような考え方に基づき、何を分析して、どのように発想し、どんな形にして、どうやって確かめるのかを説明します。それぞれのアプローチの長所・短所を理解してください。

ビジネスモデルの創造サイクル

抽象の世界

① 分析
サイエンス

② 発想
アート

論理の世界

思考の世界

④ 検証
エンジニアリング

③ 試作
デザイン

具体の世界

① 分析：情報を集めて課題を定め、論理的に分析します
② 発想：先入観にとらわれずに既存の「枠」を超えます
③ 試作：アイデアを仮説としてプロトタイプにします
④ 検証：確かめたいポイントを絞って仮説を検証します

このサイクルを繰り返すことで、具体の世界と抽象の世界を行き来して発想が豊かになります。また論理の世界から思考の世界へと飛躍することで、発想を飛ばし、また論理の世界に戻ることで実現可能性を確かめることができます。

出所：井上達彦（2019）『ゼロからつくるビジネスモデル』東洋経済新報社

9 戦略分析アプローチ

▶ 戦略コンサルティングの手法

　第1のアプローチは戦略分析と呼ばれるもので、戦略コンサルタントのノウハウを体系化したものです。

　まず、市場の規模、成長率、競争の環境といった外部環境の分析を行い、ビジネスの機会や脅威を洗い出していきます。次に、自社が持っている「ヒト、モノ、カネ、情報」といった経営資源の分析を行い、内部資源の強みと弱みを把握します。

　最後に、これらを掛け合わせて「自社の強みを生かしつつ、市場の機会を最大限に活用するにはどうすればよいか」と発想するわけです。

▶ 分析が中心でデータと論理が重んじられる

　このアプローチの最大の特徴は、分析に重きを置く点で、データによる裏づけがない発想には価値が認められません。発表資料には、自らのアイデアを裏付けるための数値やグラフが並びます。突飛で非論理的な発想も望まれません。ビジネスモデルを形にするときは、事業コンセプト（誰に、何を、いかに）に描き出され、事業計画書にまとめられます。そして、新規事業提案の会議などでその妥当性が確かめられるのです。伝統的な事業創造のパラダイムにのっとったビジネスモデルづくりだと考えられます。

戦略分析アプローチの流れ

分析	発想	試作	検証
SWOT ・ 業界と 資源の分析	クロス SWOT	事業 コンセプト ・ 事業計画書	検討会議 ・ テスト マーケティング
内部 資源分析 強み Strengths ・ 弱み Weaknesses **外部 環境分析** 機会 Opportunities ・ 脅威 Threats	S×O 機会活用 ・ S×T 脅威克服 ・ W×O 機会保持 ・ W×T 危機回避	誰に ・ 何を ・ いかに ＋ 利益方程式	5年間予測 売上高 ・ 利益 ・ キャッシュ フロー

ファクトとデータを重視、グラフと数値で示す。

出所：井上達彦（2019）『ゼロからつくるビジネスモデル』東洋経済新報社

幅広く使われているアプローチで、事業機会は客観的に存在し、分析すれば見つかると考えられています。分析対象は「業界」であり、自社の資源や同業他社の動向に関心が向けられます。

10 SWOT分析

▶ SWOT分析

　戦略分析アプローチにおいて、最もよく使われるのはSWOT分析とクロスSWOTによる発想でしょう。分析のステップでは、まず自社の経営資源を分析して「Strengths：強み」「Weaknesses：弱み」を洗い出し、次に市場競争環境を分析して「Opportunities：機会」と「Threats：脅威」を見出します。

▶ クロスSWOTによる発想

　これらの分析から要素が整理できれば、次のステップでそれらを掛け合わせて発想します。
　S×O＝「強みと機会を最大限に活用」
　S×T＝「強みを活かして脅威を克服・回避」
　W×O＝「弱みがあっても機会を逃さない」
　W×T＝「弱みと脅威が重なって生まれる危機を回避」
　将来のビジネスチャンスに向けて新しいモデルをつくる場合もあれば、脅威にさらされて、既存のモデルを変革しなければならない場合もあるでしょう。
　いずれの場合も事実を1つひとつ積み重ねることで、実効性を高めていきます。後工程の「検証」に負担がかからないように論理の飛躍も最小限に抑えるというのが基本です。

	プラス要因	マイナス要因
内部要因	Strengths（強み）	Weaknesses（弱み）
外部要因	Opportunities（機会）	Threats（脅威）

出所：Learned, Andrews, Christensen and Guth（1965）

クロスSWOTによる発想

	Strengths（強み）	Weaknesses（弱み）
Opportunities（機会）	機会×強み	機会×弱み
Threats（脅威）	脅威×強み	脅威×弱み

出所：Weihrich（1982）を簡略化して掲載

クロスSWOTは分析というよりも発想のフレームワークです。論理的に確かな掛け合わせから着実にアイデアを発想できます。

11 事業コンセプトによる試作

▶ 事業コンセプトシートで試作する

　クロスSWOTで発想した次のステップは試作です。このときによく用いられるのが「事業コンセプト」のシートです。これは、「顧客は誰か」「提案する価値は何か」「その活動内容はどのようなものか」という3つの要素に注目してビジネスを整理したものです。他社の分析によく使われますが、自社のビジネスモデルの提案にも利用可能です。

　このフレームワークの特徴は、シンプルに表現できることです。3つの要素に絞ることで、ビジネスを成り立たせている根幹にフォーカスできます。

▶ 収益原理や利益方程式を追加する

　事業コンセプトが定まれば、そこに稼ぎ方としての収益モデルを加えます。「収益原理」や「利益方程式」を検討してビジネスモデルを設計します。

- ●収益モデル（商品やサービスの価格×販売数量）
- ●コスト構造（直接費と間接費）
- ●商品やサービス1単位あたりの目標利益率
- ●経営資源の回転率（在庫回転率、スタッフの稼働率等）

　事業コンセプトはビジネスモデルづくりの初期の段階で有効です。必要な事項が記入できれば、ビジネスモデルの試作はひとまず完了し、検証の段階に入ることができます。

「事業コンセプト＋収益設計」のシート

顧客 「誰に」	顧客セグメントを記入する
価値提案 「何を」	価値提案の内容を記入する
活動内容 「いかに」	鍵となる活動内容を記入する
収益原理 「稼ぎ方」	収入の流れやコスト構造を記入する

作成：井上達彦研究室　収益原理についてはJohnson (2011) 参照

収益原理の項目には、マネタイズの方法や収益モデルを記入することもあります。→32を参照

物販収入、紹介手数料収入、広告料収入、一括先払い＋保守費、
製造コストに一定の割合を上乗せ、時間請求、
サブスクリプション／リース方式、ライセンス供与など

12 星野リゾートの戦略分析

▶ 脅威と弱み

　具体例を1つ紹介しましょう。1990年代初頭、国内の旅館ビジネスは大きな転機を迎えていました。80年代中盤まで主流だった「旅行代理店が企画する貸切バスでの団体旅行」が終焉しつつあったからです。しかし、消費者行動が変わったからといって、旅館はすぐに対応できません。団体旅行では、広い宴会場での効率的なオペレーションが求められますが、個人旅行では個々の好みに合ったきめ細かい対応が求められます。ビジネスモデルが違うのです。

▶ 逆転の発想で掛け合わせる

　星野リゾートも団体と個人向けに2種のサービスがありましたが、華仙亭有楽という旅館について思い切った決断を下しました。団体向けの建物を解体、客室数を半分にして全室露天風呂を整え、茶室なども備えたのです。個人向けに一本化することでスタッフの配置や施設の準備を大幅に効率化できます。さらに一人の従業員がさまざまな仕事を兼務することで、柔軟性を確保して労働生産性を高めました。人件費を抑えつつ、適正価格で集客することで、薄利多売のビジネスモデルから、プレミアム型のモデルへと転換したのです。このモデルは外資系ホテルのものと対極をいくので、模倣され難く高い利益率を確保できます。

団体客から個人客へ

SWOT分析
内部資源
　　団体向けの施設とオペレーション
外部環境
　　団体旅行の終焉

クロスSWOT発想
① サービス一本化
② 仕事の兼務
③ 客室を半数に減らす
④ 露天風呂と茶室を整備

試作と検証
華仙亭有楽で成果を上げて
他に横展開

出所：中沢康彦（2010）『星野リゾートの教科書』日経BP、pp.28-41をもとに筆者作成

外資系ホテルのあり方は「サービス提供の作業を徹底的に分業して世界中で共通化する」というものです。星野リゾートの高級旅館のあり方は、これとは対照的です。

13 戦略分析アプローチの長所と短所

▶ 着実さの功罪

　戦略分析アプローチは、良くも悪くも着実な提案に向いた方法です。この分析では、データと論理が重視され、企画書やプレゼン資料では数値やグラフがたくさん並びます。裏付けが厳しく検証されるので論理の飛躍を防げます。予測可能な既存事業では一定の成果が見込めるのです。

　その一方でイノベーションを引き起こすのは難しいようです。創造性を高めるには、アイデアを飛躍させなければなりません。ところが、このアプローチでは、たとえ創造的であっても飛躍は許されないのです。

▶ 顧客に寄り添うために

　そもそも、ビジネスの機会がすべて数値で示せるとは限りません。顧客の心理や気持ちは数値で測ることが難しいものです。戦略分析アプローチの問題は集めやすいデータだけで発想しようとする点です。観察やインタビューなどもっと顧客の気持ちに寄り添うアプローチが求められる場合があります。データや論理だけにこだわるのではなく、言葉や絵に書き起こして、顧客の困っていることや欲するものがどんなものかを確かめる必要があるのです。

　14で紹介する顧客洞察アプローチは、このような限界を補うために生まれたものです。

戦略分析アプローチの長所と短所

	長所	短所
特徴	論理の飛躍がない	創造性を発揮しにくい
根拠	客観的データに基づく	主観や直感が活かしにくい
業界	既存の業界に有効	この世に存在しない 新しい事業に向かない
成果	着実な成果が見込める	新市場だと当てが外れる
検証	机上である程度検証できる	顧客の真意から 離れることもある
リスク	リスクが少ない	大きな環境の変化に 対応しにくい

作成：井上達彦研究室

戦略分析アプローチの前提は、「事業機会は客観的につかめる」というものです。それゆえ、ファクトとデータを重んじ、論理の飛躍は問題外だと考えます。主流のアプローチですが、他のアプローーチで補完すべき場合もあります。

未来を過去から予測する

　本章で紹介したのはSWOTによる分析でしたが、この他にもファクトの分析を活用するフレームワークで過去から未来を予測するものがあります。それは、過去と未来の双方に目を向け、過去に起こった出来事から将来起こり得る出来事を予測しようとするものです。過去の出来事が現在に収束していき、そこから未来に広がっていくのを、左半分の過去と右半分の未来に整理することで分析します。

　このフレームワークを使い、関心のあるトピックや関連する出来事を並べることで、トレンドを理解したり、その中にパターンを見出したりすることができるようになるのです。弓で遠い的を狙うためには、弓を深く引きしぼる必要があるように、より遠い未来を予測するためには、5年、10年と遠い過去から整理して分析する必要があります。

　記入すべき出来事は、特に定められていません。一面的な理解に陥らないように政治・経済・社会・技術など複数の領域のファクトを集め、トレンドを見極めましょう。

第 3 章

ビジネスモデルのつくり方
顧客洞察

14 顧客洞察アプローチ

▶ 共感を言葉にする

　ビジネスモデルづくりの第2のアプローチは顧客洞察です。ここでは数字で示されるデータよりも人間性に目が向けられ、顧客との共感が大切にされます。彼らがどのような「困りごと」を持っているのか、それを言い表す言葉が重んじられるのです。

　分析対象は、「困りごと」を抱えた顧客です。顧客の立場で、顧客の世界に入り込んでビジネスモデルづくりに不可欠なインサイトを得ます。

▶ デザインコンサルタントの手法

　このアプローチを育んだのはマーケティングやイノベーションの研究者ですが、これを実践的な手法に体現したのはデザインコンサルタントたちです。一般的に、デザインといえば、製品を美しく、あるいは使いやすくするなど、意匠設計にかかわるものだと理解されがちですが、身近な生活から社会システムのデザインまで、ありとあらゆるものに適用できます。

　このアプローチで活用されるのが、現場の観察やインタビューです。そこで得られたインサイトは、ビジネスモデル・キャンバス（BMC）などのフレームワークに落とし込まれ、関係者にストーリーとして語られて検証されます。

顧客洞察アプローチの流れ

分析	発想	試作	検証
インタビュー 観察	顧客 インサイト	BMC ストーリー	リーン スタートアップ
共感マップ See&Hear ・ Think&Feel ・ Say&Do ・ Gain&Pain	**価値提案** ゲインの増大 ・ ペインの減少 ・ 製品サービス	**BMC9要素** 顧客セグメント ・ チャネル ・ 顧客との関係 ・ 収益の流れ ・ 価値提案 ・ 鍵となる資源 ・ 鍵となる活動 ・ キーパートナー ・ コスト構造	**重要指標** 顧客獲得 コスト ・ 顧客の 生涯価値 ・ 離反数 ・ 口コミ効果

洞察とストーリーを重視、言葉とイメージで表す。

出所：井上達彦（2019）『ゼロからつくるビジネスモデル』東洋経済新報社

数値やデータだけに頼らない定性的なアプローチで人間性に迫ります。分析する対象は同業他社というよりも「顧客」です。

15 観察とインタビュー

▶ 観察

観察やインタビューで大切なのは「当たり前を疑う」ことです。先入観にとらわれると肝心なことを見逃します。これまでの常識をいったん傍に置いてから始めましょう。観察においては、ありのままの事実の部分と、推測の部分を分けて記述する必要があります。このとき、外部から理性的な理解をするだけではなく、当事者の立場からの内面的な理解をすることも大切です。観察だけでは推測できないことについては、インタビューを試みてみましょう。これによって顧客への理解が深まります。

▶ インタビュー

インタビューには、さまざまな形がありますが、そこから洞察を得るには、語り手の固有の体験や思いを自由に語ってもらうのが基本です。聞き出したいことを誘導する取材になってはいけませんし、権威によって証言をとるようなヒアリングとも違うので注意してください。相手が語りやすい状況で本音を聞き出すようなスタイルも効果的です。あらゆる工夫をして語り手にアプローチし、阻害することなく、自己の物語として語ってもらいましょう。

質問には9つの種類があるので、うまく使い分けて顧客の真意を聞き出してください。

9つの種類の質問

① **導入質問**
インタビューでの最初の質問。
新しいトピックへの導入にも使用される。

② **フォローアップ**
語り手の発話を中断させないように促す。
うなずきや相槌がこれに含まれる。

③ **探索的質問**
さらなる展開や新しいトピックを促すために使用される。

④ **明確化質問**
詳細な描写を求めたり、
出来事についての感情や評価を聞き出す。

⑤ **直接的質問**
語り手が語らなかった部分への聞きこみ。

⑥ **間接的質問**
直接聞きづらいことも
他者についての意見や一般論として聞く。

⑦ **ストーリー化**
語り手の具体的なライフストーリーについて
語ってもらうような質問をする。

⑧ **沈黙**
会話における休止の他、
語り手の再構成・反省・連想のために使用されることもある。

⑨ **解釈的質問**
語り手の話を繰り返して確認をとったり明確化したりする。

出所：桜井厚（2002）『インタビューの社会学』せりか書房、pp.107-109から一部を抜粋

16 共感マップ

▶ 観察の記録

観察やインタビューを終えたら、そこから洞察を得るために共感マップに整理していきます。これは、顧客が
- 「何を見ているのか」See
- 「何を聞いているのか」Hear
- 「何を感じ何を考えているのか」Think & Feel
- 「何を言い、どう行動をしているのか」Say & Do

ということを、一枚の絵に整理するものです。記入の順番は状況次第ですが、事実の部分から記入し、推論の部分を追加していくのが基本です。

▶ ニーズを洞察

以上が記入できれば、顧客が何を欲するのかの洞察も容易になります。
- 「顧客が得たいもの、ニーズ、成功の基準」Gain
- 「顧客の痛み、恐れやフラストレーション」Pain

この場合、共感というのは、顧客が抱いている感情をそっくりそのまま感じ取り、感情移入して理解することです。たとえ相手と同じ経験をしたことがなくとも、顧客の世界に入り込み、気持ちを分かち合うことが大切です。

ここで得られたインサイトをもとに、どのような製品・サービスで価値提案すべきかを検討していきます。

Think & Feel?
顧客は何を感じ、
何を考えているのか

Hear?
顧客は何を
聞いているのか

See?
顧客は何を
見ているのか

Say & Do?
顧客はどんなことを言い、
どんな行動をしているのか

ペイン Pain 顧客の痛みや ストレスは何か	ゲイン Gain 顧客がほんとうに 欲しいもの、必要として いるものは何か

出所：XPLANE『Empathy Map Worksheet』
〈https://xplane.com/worksheets/empathy-map-worksheet/〉
2020/09/15に説明を追加

「顧客の声は聞いて聞くな」と言われます。言っていることをそのまま鵜呑みにするのではなく、背後にある深層のニーズを汲み取り、顧客自身も気づいていないジョブを言葉で言い表すことが大切です。

17 バリュープロポジション・ キャンバス

▶ バリュープロポジション・キャンバス

　共感マップによって、顧客の「得たいもの＝ゲイン」と「痛み＝ペイン」がわかれば、顧客が成し遂げたいこともわかります。すなわち、顧客が片づけるべき仕事としての「ジョブ」が明確になるのです（Coffee Break❸参照）。

　バリュープロポジション・キャンバスとは、「顧客に何を提案するか」を発想するためのフレームワークです。右側に顧客のジョブが示され、左側に企業の価値提案が描かれます。両者をマッチングさせていく作業を通じて、アイデアが洗練されていくのです。

▶ 価値提案を発想する

　価値提案で考えるべきは下記のことです。
- 顧客が得たいものを生み出すにはどうすればよいか
- 顧客の痛みを取り除くにはどうすればよいか
- 顧客のジョブを解決するためにはどうすればよいか

　顧客の欲するものの切望度や顧客の痛みの深刻さについて、１つひとつ評価して配置すれば、ジョブの重要性を可視化できます。その上で、どのような製品・サービスでそれらに応えるのか、価値提案をデザインしていきます。すべてに応えるのではなく、切望度が高いものや深刻さが大きいものに応えるように考えましょう。

バリュープロポジション・キャンバス

ゲインクリエーター
製品・サービスが
どのように顧客の恩恵に
なるのか

ゲイン
顧客がほんとうに
欲しいもの、
必要としている
ものは何か

**製品・
サービス**
価値提案を
基に作られる
製品と
サービスの
リスト

顧客の仕事
顧客が
成し遂げたい
ことは何か

ペインリリーバー
製品・サービスが
どのように顧客の悩みを
解消するか

ペイン
顧客の痛みや
ストレスは何か

出所：アレックス・オスターワルダー、イヴ・ピニュール、グレッグ・バーナーダ、アラン・スミス、
　　　関美和訳（2015）『バリュー・プロポジション・デザイン 顧客が欲しがる製品やサービスを創る』
　　　翔泳社、pp.8-9に説明を追加

顧客自身も気づいていないジョブを言葉で言い表せば、それに対する製品やサービスも考えやすくなります。提案を受けた顧客に（自分でもイメージできていなかったけど）「こんなのが欲しかったんだ」と思わせられれば成功です。

18

ビジネスモデル・キャンバス

▶ 試作に適したツール

　共感マップをもとに価値提案がデザインできれば、それをビジネスモデル・キャンバス（BMC）に落とし込んで具体化していきます。

　BMCは、洞察を通じて得たアイデアを試作するのに便利なフレームワークです。ビジネスモデルの構成要素を網羅的に9つ選び出し、それを1つひとつ記入していくことでデザインできるように工夫されています。

▶ BMCの配置

　「価値提案」を中心に、左半分は価値を生み出すのに必要な「活動」や「資源」、ならびに「パートナー」が描かれます。いずれも価値を創り出すための舞台裏にかかわるもので、企業にとってはコスト要因となります。それゆえ、左下には「コスト構造」の記入欄が配置されています。

　一方、右半分は狙った「顧客セグメント」に、その価値を届けるための「チャネル」と「顧客との関係」が描かれます。いずれも価値を届ける表舞台にかかわるもので、企業にとっては「収入の流れ」と表裏一体です。それゆえ、下の部分の収入の流れと対応させて、記入できるように工夫されています。

ビジネスモデル・キャンバス

パートナー Key Partners	主な活動 Key Activities	価値提案 Value Propositions	顧客との関係 Customer Relations	顧客セグメント Customer Segments
	主な資源 Key Resources		チャネル Channels	

コスト構造 Cost Structure	収入の流れ Revenue Streams

出所：アレックス・オスターワルダー、イヴ・ピニュール 小山龍介訳(2012)
　　　『ビジネスモデル・ジェネレーション ビジネスモデル設計書』翔泳社、p.44

キャンバスの記入順はケースバイケースですが、①中心となる価値の提案から始める場合、②顧客セグメントから明確にする場合、③技術をはじめとする主な経営資源を生かすような形で提案する場合の３つがあります。

ビジネスモデルキャンバスを使いこなしたい方は、小山龍介『ケースメソッドMBA実況中継03ビジネスモデル』ディスカヴァー・トゥエンティワンがおすすめです。

19 ビジネスモデル・キャンバスの使い方

▶ 一気に書き込まない

BMCの９つある空欄は、調査を通じて徐々に埋めていくべきであり、最初から無理に埋めるものではありません。まず、調査して、仮説としてキャンバスに埋めてみる。次に検証して、新たな発見があれば書き加える。もし間違っていたら書き換えるわけです。ビジネスモデル・キャンバスというのは、このような繰り返しから徐々に仕上げていくものです。

このプロセスは、油絵をキャンバスに何度も上書きしていく作業に似ています。「キャンバス（canvas）」と名前がつけられているのはこのためです。

▶ 何をどのように変更するか

しかし「顧客」や「価値提案」など、ビジネスモデルを構成する基本的な要素は必要に迫られない限り変更すべきではありません。それでも仮説検証を繰り返す中で、その見直しが必要なときもあります。とくに、価値を届ける方法は日々進化しています。色々と試してみてもいいかもしれません。

このような見直しは、「ピボット」（軌道修正）と呼ばれます。軸足を定めつつ、基本的な方向を変えたいときは、ピボットすればよいのです。

BMCの使い方

どの顧客に
何の価値を
どのように提案するか

どのチャネルで
どのような関係を構築し
収入を得るか

どのパートナーと組んで
それを実現するのか
その時のコスト構造は
どのようなものか

出典：アレックス・オスターワルダー、イヴ・ピニュール 小山龍介訳（2012）
　　　『ビジネスモデル・ジェネレーション ビジネスモデル設計書』翔泳社、p.44

観察やインタビューなどでわかったことのみを書き込んでいきます。一度にすべて埋める必要はありません。

20 オトバンクの顧客洞察

▶ 幼少の原体験

　具体例を1つ紹介します。おじいさんが高齢になって視力を失い、大好きな本が読めなくなりました。ソファに座りテレビから流れる野球の実況中継に耳を傾ける姿を見て孫はどんなアイデアを思い浮かべたでしょうか。

　株式会社オトバンクを立ち上げた上田渉さんは、高齢者や視覚障害者の困りごとを解決するために、あるサービスを思いつきました。それが「聞くための本」としてのaudiobook.jpなのです。

▶ 顧客洞察と仮説検証

　幼かった上田さんは、おじいさんが「何を見て、何を言い、何を聞いて、何を考えているのか」を観察していたはずです。そして、おじいさんの心の痛みをやわらげるにはどうすればよいかと考えを巡らしていたはずです。

　おじいさんが他界したことを契機に上田さんは起業を決意します。そして受験勉強で体感したラジオの魅力と普及著しいインターネットを組み合わせて、書籍の内容を音声データにして携帯に配信することにしたのです。「考えながら行動する」という上田さんは、顧客や仲間の声を聞きながら少しずつサービスを改善し、2019年には会員数100万人を突破しました。

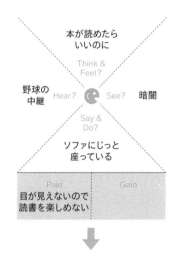

本が読めたら
いいのに

Think &
Feel?

野球の
中継　　Hear?　　See?　　暗闇

Say &
Do?

ソファにじっと
座っている

Pain　　　　　　Gain
目が見えないので
読書を楽しめない

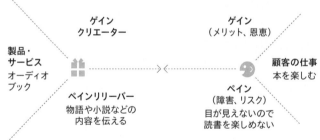

ゲイン
クリエーター

ゲイン
（メリット、恩恵）

製品・
サービス
オーディオ
ブック

顧客の仕事
本を楽しむ

ペインリリーバー
物語や小説などの
内容を伝える

ペイン
（障害、リスク）
目が見えないので
読書を楽しめない

出所：アレックス・オスターワルダー、イヴ・ピニュール、グレッグ・バーナーダ、アラン・スミス、
　　　関美和訳(2015)『バリュー・プロポジション・デザイン 顧客が欲しがる製品やサービスを創る』
　　　翔泳社

上田さんは共感マップやバリュープロポジション・キャンバスを
使ったわけではありませんが、実質的に同じような分析と発想に
よって画期的なアイデアを生み出したと考えられます。

21 顧客洞察アプローチの長所と短所

▶ 人間性に迫ることが可能

　顧客洞察アプローチは、数値では表しにくい人間性に迫り、画期的な製品・サービスを考案する方法です。言葉やイメージが大切にされ、企画提案では、画像や動画とともにストーリーが語られます。

　このアプローチの強みは共感を引き起こして周囲を巻き込めることです。弱みはデータの裏付けが弱いことです。個別のケースから洞察を得るので、そのニーズにどれだけの広がりがあるのかも定かではありません。そうであるからこそ、小さく、早く、賢く回す「試作・検証」によって市場の広がりなどを確かめる必要があります。

▶ 解決法はどうする？

　また、顧客の痛みや欲しいものがわかったとしても、それを解決する方法を示してくれるわけではありません。解決法を見つけるための発想法はいくつかありますが、その中でも注目されているのが「応用と転用」です。

　これは海外や異業種からヒントを得て解決法を探るというもので、ビジネスモデルでいえばパターン化して適合させることを意味します。世界中の多くの起業家・イノベータがこれで画期的な事業を創造してきました。第4章で「パターン適合アプローチ」として紹介します。

顧客洞察アプローチの長所と短所

	長所	短所
特徴	主観的な洞察を生かす	客観的な証拠がない
根拠	観察やインタビュー	データの裏付けが弱い
業界	未知の業界に有効	既存の市場だと非効率
成果	新たな価値提案	市場の広がりが不確か
検証	プロトタイプで検証できる	試作検証にコツが必要
ニーズ	潜在ニーズを表出化	表出化に経験が必要

作成：井上達彦研究室

顧客洞察アプローチの前提は、「事業機会は客観的につかめるとは
限らない」というものです。それゆえ、直接観察やインタビュー
から得られる洞察を重んじます。裏付けが弱くてもプロトタイプ
をつくって検証すればリスクは回避できると考えます。

ジョブを片づける

　ジョブとは顧客が片づけなければならない仕事のことで、正確には「ある特定の状況で人が成し遂げようとする進歩」と定義されます。たとえば、アメリカでは、朝、マイカーで通勤する人たちのジョブの１つに「退屈しのぎを兼ねて小腹を満たす」というものがあります。バナナは腹持ちが良くないし、ドーナツは手がベトベトになる。ベーグルはパサついているし、朝からチョコバーは気がとがめる。どれも、ジョブを片付けるには最適とは言えないのです。

　そこで、顧客がこのジョブを片づけるために雇用しているのがミルクシェークでした。ミルクシェークは粘着性がありフルーツやチョコなどのフレーバーを混ぜることができます。細いストローでゆっくり楽しめば、20分ぐらいかけて小腹を満たせるのです。

　ジョブというのは、特定の状況で作用するニーズが集まったものであり、機能だけではなく社会・感情の側面が合わさっています。それゆえ、ジョブの本質を見抜くためには、外部から理性的な理解だけではなく、当事者の立場からの内面的な理解が必要です。

第 4 章

ビジネスモデルのつくり方
パターン適合

22 パターン適合アプローチ

▶ ビジネスモデルを移植する

　ビジネスモデルづくりの第3のアプローチはパターン適合です。これは、異国や異業種のビジネスモデルの構造をパターンとして読み取り、それを模倣して自社に適合させるものです。

　古今東西、偉大なる会社のイノベーションは創造的模倣によって生み出されてきました。たとえば、トヨタの「ジャスト・イン・タイム」生産方式は、アメリカのスーパーマーケットの仕組みを模倣して生み出されたものです。独創的ともいえるビジネスモデルも、必ずしもゼロから生み出されたものばかりではありません。

▶ お手本を模倣する

　企業というのは、特定の国や地域の業界において活動しています。よそから持ち込まれたものは、たとえ、すでに別のところで存在していたとしても、持ち込まれた側にしてみれば新しいものとなります。「持ち込み」における新規性は、自らの世界での一番手となることから生まれるのです。海外の仕組みを模倣するにしても、異業種の仕組みを模倣するにしても、自分の世界では最初となるわけですから、当然のことでしょう。

創造的模倣から生まれた偉大なる会社

	異国異業種のお手本	参照したポイント
Google	学術論文の引用数	ウェブサイトの引用数と同じ
Apple	ゼロックスパロアルト研究	グラフィックユーザーインターフェイス、マウスなど
Facebook	社会ネットワーク論	限られた人数を介して世界中と結びつくことができるスモールワールド
スターバックス	イタリアのエスプレッソバー	コーヒーの文化に培われた交流の場
サウスウエスト航空	米国グレイハウンド（バス会社）	ポイント・トゥ・ポイントの路線、自由席、格安料金体系、無駄のないサービス
トヨタ	スーパーマーケット	必要なものを、必要な時に、必要なだけ
セブンイレブン	米国サウスランドアイス社	コンビニエンスストアという概念
ヤマト運輸	米国UPS 吉野家 ジャルパック	集配車の密度 サービスの絞り込み わかりやすい商品パッケージ
任天堂	米国のゲーム機器	ハードとソフトの分離
ニトリ	米国のチェーンストア	標準化と効率化
楽天	安土桃山時代の楽市楽座	制約からの解放
ドトール	フランスのカフェ	高回転率の立ち飲みスタイル
ワールド	コンビニエンスストア	短サイクルの追加生産追加補充
JINS	ユニクロ	小売チェーンによる垂直統合
アリババ	米国eBay	消費者同士のネット商取引
テンセント	イスラエルICQ カナダのKik	インスタントメッセージ・サービス

出所：井上達彦（2017）『模倣の経営学 実践プログラム版』日経BPをもとに作成

23 パターン適合の手順

基本的な進め方

パターン適合の基本的な手順は、自らの課題を意識し、お手本を探して自分の世界に持ち込み、具体化していくというもので、4つのステップで進められます。

1. 自社の課題解決に参考になるお手本を探し出し、そのビジネスモデルの構造を読み解く
2. 自らの業界に当てはめて発想する
3. 実際に適合させながら試作する
4. 感触を確かめつつ検証し、改善を重ねる

模倣イノベーションの論理

模倣イノベーションは有効な手法ですが固有の難しさもあります。それは、ビジネスモデルの構造を読み解きながらお手本を見つけることです。複雑なビジネスモデルでも基本パターンの組み合わせとして理解し、参考になるかどうかを見分けなければなりません。

このときに役立つのが、板橋悟さんが考案した「ピクト図解」です。これは、企業がいかにして顧客に価値を届け、その対価を得るかを示した関係図です。記述ルールが明確でわかりやすく、解像度を上下させながら可視化できます。分析・発想・試作・検証のいずれのステップにも活用できる図解です。

パターン適合アプローチの流れ

分析	発想	試作	検証
海外・異業種先進事例分析	アナロジー模倣	ピクト図解	リーンスタートアップ

お手本の発見 自社の課題を定義する ・ 海外や異業種の先進事例を探索する	**具体と抽象の往復運動** 抽象化 ・ 具体化	**エレメント** ⚥ (個人) ・ □ (法人) ・ ○ (製品) ・ ¥ (金銭) **コネクタ** → (販売) ← (支払い) **オプション** T (時間) ・ } (束ね) ・ ⌐ (補足)	**重要指標** 顧客獲得コスト ・ 顧客の生涯価値 ・ 離反数 ・ 口コミ効果

関係と構造を重視、ピクトグラムと矢印で示す。

出所：井上達彦(2019)『ゼロからつくるビジネスモデル』東洋経済新報社

分析対象は、「同業他社」でもなければ「顧客」でもありません。自らに移植すべき「海外や異業種の先進事例」です。

24 ピクト図解①
表記ルール

▶ ビジネスモデルを見える化する

　ピクト図解の名前の由来は、ピクトグラムという「絵文字」にあります。いわば、情報を伝えるための視覚記号ですが、これを使えばビジネスモデルを「見える化」できます。この図解で用いられるのは次の3つです。

● 「エレメント」と呼ばれる構成要素

　個人は "人型をしたアイコン"、企業に代表される法人は "□"、製品やサービスは "○"、金銭の流れは "¥マーク" によって示されます。

● 「コネクタ」によって表される関係性

　関係性は矢印によって表されます。

● 「オプション」として位置づけられる補助ツール

　関係が継続するような場合は "T" をつけた矢印〈タイムライン〉を使います。また、同一顧客に対して複数の製品を合わせ買いしてもらう場合は "}"〈まとめ〉で束ねます。

▶ パターンを当てはめて発想

　構成要素や関係性について詳細説明する場合に使われるのが〈補足〉と呼ばれる "フキダシ" 記号です。具体的なモノ・サービスと切り分けて価値提案の内容を明記するときや経営資源、活動内容、顧客との関係性などを補足するときに使われます。

(1) エレメント

ヒト
法人・個人

モノ
製品・サービス

カネ
価格・売上

(2) コネクタ

関係性
販売・支払い

(3) オプション

タイムライン
時間の経過

まとめ
モノ・カネの流れの
統合

補足
詳細説明

---

(1)「エレメント」と呼ばれる構成要素
(2)「コネクタ」によって表される関係性
(3)「オプション」として位置づけられる補助ツール

出所：板橋悟「ビジネスモデル構築講座」テキスト資料

25

ピクト図解②
8つのパターンと活用法

▶ 8つの基本形

複雑に見えるようなビジネスモデルでも、基本パターンの組み合わせによって示せるものです。このフレームワークを考案した板橋悟さんは、基本パターンを8つに整理して、『ビジネスモデルを見える化する ピクト図解』（ダイヤモンド社）という1冊の本にまとめました。

▶ 2つの活用方法

ピクト図解による発想法は、少なくとも2つあります。1つは、パターンの組み合わせによってビジネスモデルをつくるという方法です。基本パターンを定め、それにどのようなパターンを組み合わせるかを考えます。既存事業の改善にも使える方法です。

もう1つの方法は、ここまで紹介してきたように、よその業界からビジネスモデルを移植してつくるという方法です。参考になると思われるビジネスモデルをピクト図解で分析し、基本構造が見えてきたら、自分の業界に移植するわけです。

基本構造が見えれば、今度はそれを自分の業界に転用できます。それを苗木にして自分の業界に移植して枝葉をつけていくようなものです。そして、徐々に解像度を上げながらビジネスモデルをつくっていけばよいでしょう。

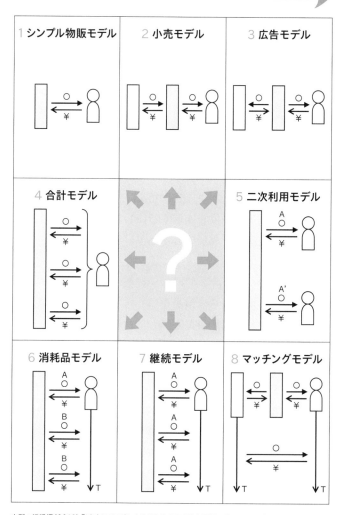

1 シンプル物販モデル	2 小売モデル	3 広告モデル
4 合計モデル	?	5 二次利用モデル
6 消耗品モデル	7 継続モデル	8 マッチングモデル

出所:板橋悟(2010)『ビジネスモデルを見える化する ピクト図解』ダイヤモンド社、pp.184-185

26 シンプル物販モデルと 小売モデル

▶ シンプル物販モデル

　順に説明していきます。シンプル物販モデルというのは、企業が製品・サービスを企画・制作販売し、その対価を利用者から受け取るというモデルです。ピクト図解でも企業と利用者の単純な交換関係が示されています。

　このモデルは、優れた製品・サービスを提供できなければ高い対価を得ることができません。差別優位を実現するにしても、コスト優位を実現するにしても□で示された企業の開発・生産力が成功のカギとなります。

▶ 小売モデル

　小売モデルは、自らは製品をつくらずに開発・製造元から仕入れ、それを利用者に販売して対価を得るというモデルです。基本的に、より安く仕入れてより高く売るという売買差益で収益を伸ばします。

　他の小売企業も同じ製品を仕入れることができるので、製品そのものでの差別化は難しいとされます。それゆえ品揃えやサービスで工夫し、利用者との関係を大切にして差別優位を築きます。より安く提供することに徹する場合は、チェーン展開による標準化・効率化を進めてコスト優位を実現します。

①シンプル物販モデル

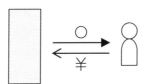

（例）多くのメーカー

出所：板橋悟（2010）『ビジネスモデルを見える化する ピクト図解』ダイヤモンド社、p.78

②小売モデル

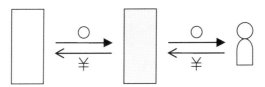

（例）百貨店、スーパーマーケット

出所：板橋悟（2010）『ビジネスモデルを見える化する ピクト図解』ダイヤモンド社、p.79

27 広告モデルと合計モデル

▶ 広告モデル

　広告モデルは、自社の製品やサービスを無料もしくはわずかな対価で提供することで利用者を増やし、その利用者に対して広告することで収入を得るモデルです。

　シンプル物販モデルや小売モデルは、製品やサービスの提供を受けた本人から対価をもらうという2者間の交換関係です。これに対して広告モデルは、スポンサーとなる広告主に対しても広告媒体を提供し、その対価をもらうことができます。集客がうまくいけばいくほど収入は増えるので、媒体としての価値づくりが大切です。

▶ 合計モデル

　合計モデルは、複数の製品・サービスを同じ顧客に提供し、それぞれの対価を合計するというモデルです。特売品を設けて「ついで買い」を促したり、組み合わせたりして利用できる製品群を提供して一度に「合わせ買い」してもらって収益を伸ばします。

　収入の流れを示すインカムラインが複数あるので、さまざまな工夫によって収益を安定化できます。顧客を引きつける目玉製品・サービスがあった方が成功しやすいので、自社の得意と顧客の要望を見定めて、それを開発していくことが大切です。

③広告モデル

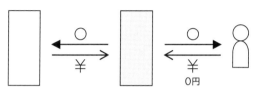

（例）民放放送局、新聞

出所：板橋悟（2010）『ビジネスモデルを見える化する ピクト図解』ダイヤモンド社、p.81

④合計モデル

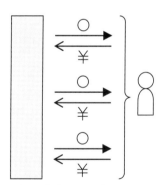

（例）スーパーの特売、コーディネートファッション

出所：板橋悟（2010）『ビジネスモデルを見える化する ピクト図解』ダイヤモンド社、p.83

28 二次利用モデルと消耗品モデル

▶ 二次利用モデル

二次利用モデルというのは、ある製品・サービスで利用したコンテンツやノウハウ（A）を別のものに再利用して収益を伸ばすモデルです。その典型は映画やアニメなどの情報財で、映画館、テレビ、DVDなどのパッケージ（A'）と何度も活用して、収益を伸ばすことができます。

利用シーンごとに顧客が違うので、ピクト図解で描くときも、それぞれの顧客にそれぞれの製品・サービスを対応させます。この点が、同じ顧客に異なる製品を提供する合計モデルとの違いです。

▶ 消耗品モデル

消耗品モデルとは、中核となる製品・サービス（A）の購入価格を引き下げて利用者数を増やし、その消耗品やメインテナンスサービス（B）を繰り返し購入してもらうことで収益を伸ばすモデルです。本体を原価割れするような価格で販売したとしても、「損して得とれ」の回収パターンが実現できれば、利益率を高めていくことができます。

ただし、このモデルは継続的な利用が前提となっています。消耗品の入手が困難だったり、サービスが悪かったりすると客離れが起きますし、サードパーティが消耗品を提供できるときわめて厄介なことになってしまいます。

⑤二次利用モデル

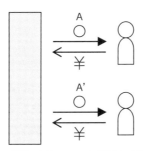

（例）映画・アニメ、漫画・小説

出所：板橋悟（2010）『ビジネスモデルを見える化する ピクト図解』ダイヤモンド社、p.85

⑥消耗品モデル

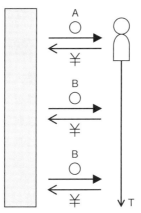

（例）安全剃刀、インクジェットプリンタ

出所：板橋悟（2010）『ビジネスモデルを見える化する ピクト図解』ダイヤモンド社、p.87

29 継続モデルと マッチングモデル

▶ 継続モデル

　継続モデルというのは、製品やサービスを継続的に提供する代わりに、一定の頻度で一定の金額を課金するモデルです。賃貸住宅、携帯電話利用、定額配信サービス利用などがその典型ですが、物販であっても定期的に購入する消耗品などには有効だと言われます。

　このモデルの特徴は、顧客離れが起きない限り継続的に安定収入が見込める点です。短期の収入を伸ばすのは難しく、解約されるリスクもありますが、毎月決まった時期に一定の収入が見込める魅力的なモデルなのです。

▶ マッチングモデル

　マッチングモデルというのは、製品・サービスを提供者と利用者とを引き合わせることで収益を上げるモデルのことです。住宅物件、結婚相手、求人求職、中古品などさまざまなビジネスに活用されています。基本的に、在庫というものを持つ必要がないので、うまく回り出したら低いリスクで成長が見込めます。

　このモデルは、マッチングプラットフォームとも呼ばれますが、難しいのは、最初に多くの提供者と多くの利用者に参加してもらわなければ成り立たないという点です。このモデルについては第6章で詳しく紹介します。

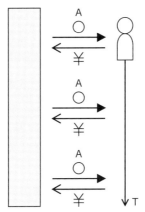

（例）電話利用、配信サービス

出所：板橋悟（2010）『ビジネスモデルを見える化する ピクト図解』ダイヤモンド社、p.89

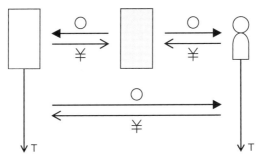

（例）結婚サービス、求人求職、中古品の紹介

出所：板橋悟「ビジネスモデル構築講座」テキスト資料

30 分析してパターン化

▶ 課題を特定しお手本を探す

　ピクト図解を用いれば、自社のビジネスモデルも見える化できます。現状分析をしっかりと行い、自分たちの強みと弱み、機会と脅威を明確にしましょう。課題を理解できていなければ、適切なお手本を探し当てることはできません。

　課題を明確にしてから、参照対象としてのお手本を探索します。できるだけ遠い世界から探索して、ライバルが気づかないような意外なお手本を見つけましょう。一見すると無関係に見えてもピクト図解で描くとお手本だと気づくこともあります。最初の段階では、1つに限らず、色々なものを候補としてリストすべきです。

▶ 分析してパターン化

　参照モデルが定まれば、そのビジネスモデルの分析を行います。お手本が置かれている状況が自社と類似しているかを確認し、ピクト図解などで関係性や構造部分を読み解きながら単純化していきます。

　根幹となる部分を単純化できれば、異なる業種や異なる会社のビジネスモデルであっても、参考になります。さまざまなモデルを比較検討して、何を移植すべきかを考えることができます。

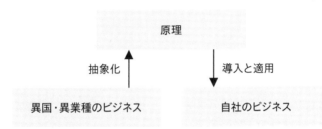

単純化しつつパターン化

原理

異国・異業種のビジネス　　抽象化↑　導入と適用↓　　自社のビジネス

出所：井上達彦（2019）『ゼロからつくるビジネスモデル』東洋経済新報社、p.130

抽象度が高いほど汎用性は高まりますが、導入するのに細部の追加や修正が必要で、枝葉をつけていかなければなりません。

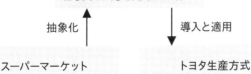

トヨタの事例

原理
「必要なものを、必要なときに、
必要なだけ」引き取りに行く

スーパーマーケット　　抽象化↑　導入と適用↓　　トヨタ生産方式

出所：大野耐一（1978）『トヨタ生産方式』ダイヤモンド社をもとに筆者作成

トヨタは、スーパーマーケットが顧客の購入分だけを補充している仕組みをお手本として、トヨタ生産方式を発想しました。

31 当てはめて発想、試作する

▶ パターンを当てはめて発想

　分析してパターンが抽出できれば、それを自らの業界に当てはめます。ビジネスモデルの根幹を残しつつ、枝葉を茂らせて発想するのです。

　アーティストやデザイナーの発想が豊かである理由の1つは、彼らが具体的なものを制作しているからです。絵画にしても、彫刻にしても、工業製品にしても、手を使いながら発想し、発想しながら手を動かしています。ビジネスモデルづくりにおいても絵画や彫刻や工業製品と同じように、具体化して「形」にすることでイメージが明確になるのです。

▶ 発想しながら試作する

　視覚、聴覚、触覚などをフルに動員してアイデアを形にしていくうちに、ビジネスモデルの試作づくりは完了します。ピクト図解で描き出せばコンセプトの検証が可能になりますし、試作品を制作して世に出せば、市場性を確かめることもできるでしょう。

　大規模な実証実験が必要なものでも、最初はコンセプトレベルの検証から始まります。関係者の反応を見ながら、アイデアの筋の良さを確かめて、より本格的な試作品の製作へと進めていきましょう。

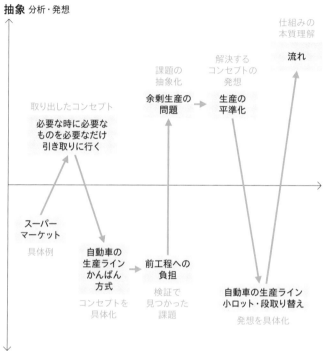

抽象 分析・発想

仕組みの
本質理解

流れ

課題の
抽象化

解決する
コンセプトの
発想

取り出したコンセプト

**余剰生産の
問題** → **生産の
平準化**

**必要な時に必要な
ものを必要なだけ
引き取りに行く**

**スーパー
マーケット**

具体例

**自動車の
生産ライン
かんばん
方式**

**前工程への
負担**

検証で
見つかった
課題

コンセプトを
具体化

**自動車の生産ライン
小ロット・段取り替え**

発想を具体化

具体 試作・検証

作成：各種資料をもとに坂井貴之（井上達彦研究室）作成

トヨタは、スーパーマーケットが顧客の購入分だけを補充している仕組みを抽象化し、そのコンセプトを取り込むことでかんばん方式を発想しました。また、実現した仕組みを検証し、新たに見つかった課題を抽象化し、さらなる発想につなげて、トヨタ生産方式を実現させたのです。最終的には、実現した仕組みの本質を「流れ」として捉えているのです。

32 パターン適合アプローチの長所と短所

▶ 効率的に発想できる

　近年、ビジネスモデルの本質は「パターン＝型」にあるという考え方も広まってきました。収益の上げ方を20〜50ぐらいに整理した「パターン集」もいくつか出されています。これらの書籍に掲載されているパターンを活用すれば、海外や異業種のモデルを、手間暇をかけることなく参照できるようになります。ビジネスモデルづくりの第一歩として、大いに推奨されるべきでしょう。

▶ レディメイドの限界

　しかし、既成の「パターン集」にも短所はあります。第1にパターン集では見つけられないようなビジネスをお手本にできないこと。第2にパターンありきで参照すると、それが先入観となり、独自の解釈が妨げられること。第3に自らパターン化していないため、お手本への理解が浅くなり、その適用がうまくいかないことです。

　このような理由から、本書では、パターンの羅列を控えることにします。代わりに、日本企業がパラダイムシフトに乗り遅れないように、導入を検討すべき次世代のビジネスモデルを解説することにします。それぞれのシフトがピクト図解で示されているので、ご自身でパターン化するのにきっと役立てていただけると思います。

ビル・オーレットの17のビジネスモデル

1. 一括先払い＋保守費
2. 製造コストに一定の割合を上乗せ
3. 時間請求
4. サブスクリプション／リース方式
5. ライセンス供与
6. 消耗品モデル
7. 利益率の大きい高額製品の販売
8. 広告
9. 収穫したデータ、あるいは一時的なアクセス権の販売
10. 取引手数料
11. 従量制
12. 基本料金＋割高超過料金
13. 延滞料／罰金
14. 少額課金マイクロ・トランザクション
15. 成果分配／シェアード・セービングス
16. フランチャイズ
17. 運用とメンテナンス

出所：ビル・オーレット 月沢李歌子訳（2014）『ビジネス・クリエーション！』ダイヤモンド社、pp.201-209より抜粋

MITの起業センターでマネージング・ディレクターをしているビル・オーレットさんは狭義のビジネスモデル（収益モデル＝マネタイズの方法）を17のパターンとして示しています。

33 ビジネスモデル 6つのパラダイムシフト

▶ デジタル化によるシフト

　ここまでビジネスモデルのつくりかたのパラダイムシフトを紹介しました。それが第1のリーンスタートアップへのシフトです。本書の後半（第5章以降）では、残り5つのパラダイムシフトを解説します。

1. 伝統手法からリーンスタートアップへ
2. 自前主義からオープンイノベーションへ
3. 価値連鎖からプラットフォームへ
4. 売り切りからサブスクリプションへ
5. 有料からフリーへ
6. 所有からシェアへ

▶ 基本パターンの組み合わせで読み解く

　これらのパラダイムシフトを理解して事業設計を行うためには、伝統的なビジネスモデルと新世代のビジネスモデルの構造を比較する必要があります。新世代のビジネスモデルといっても、基本パターンの応用や組み合わせで表現できるはずです。新旧それぞれの構造比較ができれば、今話題になっているビジネスモデルが従来のものと何が違うのかも理解できます。

　次章からは板橋悟さんのピクト図解をフル活用して、パラダイムシフトを読み解いていきます。

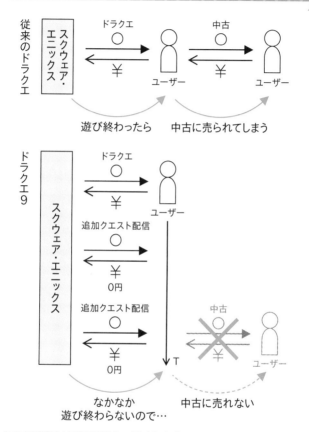

ドラゴンクエストの新旧の構造比較

従来のドラクエ

スクウェア・エニックス

ドラクエ ○ → ユーザー

¥ ←

中古 ○ → ユーザー

¥ ←

遊び終わったら　中古に売られてしまう

ドラクエ9

スクウェア・エニックス

ドラクエ ○ → ユーザー

¥ ←

追加クエスト配信 ○ →

¥ ← 0円

追加クエスト配信 ○ →

¥ ← 0円

T

中古 ✕ → ユーザー

¥ ←

なかなか
遊び終わらないので…　中古に売れない

出所：板橋悟「ピクト図解&3W1Hメソッド公式サイト」〈http://3w1h.jp/picto〉2020/09/19

従来の物販のときは中古品が出回って売上にブレーキがかかっていましたが、継続的な配信モデルに進化させてからは、収益を安定的に伸ばせるようになりました。

リーンスタートアップ

　リーンスタートアップという手法は、スタンフォード大学のスティーブ・ブランク教授の仮説検証に由来します。これを習ったエリック・リースさんが起業に成功し、自身の方法が無駄を省いた起業のプロセスにあることに気づいたのです。無駄を省く＝リーンということでこの名がつきました。

　リーン検証のプロセスは次のようになります。

- 大規模な調査を控え、コストや時間を浪費しない。
- アイデアを実用最小限の製品（MVP）で試作する。
- 実際に顧客に提案して、その反応を見る。
- 不備は改善し、見込み違いがあれば軌道修正（Pivot）する。

　新しい製品やサービスというのは市場に投入してみなければわかりません。そうだとすれば、調査、企画、生産、販売は「直線的かつ計画的」に進めるのではなく、スパイラルに、修正を繰り返しながら進めるべきでしょう。リーンスタートアップでは、仮説と検証のプロセスが大切とされ、無駄のない形で、調べたいことを絞って市場と対話することが推奨されます。

第 5 章

自前主義から
オープンイノベーションへ

34 イノベーションの パラダイムシフト

　最初に紹介するパラダイムシフトは、イノベーションに関わるものです。「クローズドからオープンへ」と転換するとともに、ビジネスモデルにも革命が起こりました。このパラダイムシフトに注目したのがカリフォルニア大学バークレー校のヘンリー・チェスブロウ教授です。彼は、20世紀に効果的だった大企業のイノベーション創出プロセスが、自前主義に基づくクローズドなものであり、21世紀には通用しないことに気づいたのです。

▶ オープンイノベーションの事例

　オープンイノベーションの先駆けとなったのはP&Gです。P&Gは、洗剤、芳香剤、紙おむつといった、日用品を生産するグローバル企業です。世界屈指の研究開発体制のもと、社内の技術を尊重するという伝統を築いてきましたが、2000年よりその自前主義から脱却し、外部の力を借りて研究や開発を推進するようになったのです。

　それが同社のコネクト＋ディベロップという戦略です。これはイノベーションプロセスを外部の技術拠点に公開するという戦略で、製品技術や製造技術の知財はもちろん、パッケージング、マーケティング手法、ビジネスモデルなどのアイデアまでも広く集めようという構想なのです。

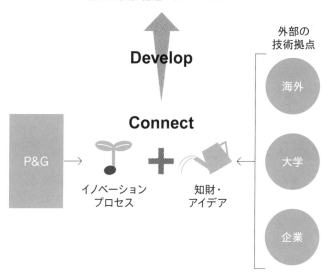

作成：井上達彦研究室

P&Gのコネクト＋ディベロップは、オープンイノベーションの先駆けとして、世界中のあらゆる業界のお手本とされています。

35 P&G

▶ P&Gのコスト削減

P&Gは「５年以内にアイデアの50％を外部から得る」「同じコストでイノベーション能力を２倍にする」という高い目標を掲げました。当初は、社内7500人、サプライヤー400人、外部人材300人でしたが、2004年にはサプライヤー2000人、外部人材7000人の体制にまで拡張させたのです。

P&Gが自前主義を捨てたのは、研究開発のためのコストが増大していたからです。その一方で製品やサービスの寿命は短くなり、投資回収が難しくなっていました。

▶ 増大する研究開発費、伸び悩む売上

このような傾向はP&Gに限った話ではありません。研究開発に多大な投資が必要とされる医薬品業界では、その傾向が顕著に現れます。

医薬品業界のグラフがこの問題を端的に示しています。研究開発費の上昇（15％）に売上の伸び（11％）が追いついていません。前者を後者が上回らない限り、収益構造は良くなりません。それゆえ、研究開発費を抑えつつ、色々な形で収益を上げる必要があります。そのためには自前主義にこだわらず、外部で開発したものを積極的に活用すればよいのです。

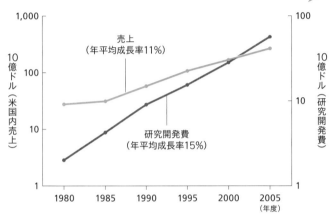

医薬品業界の研究開発費と売上の推移

1,000

10億ドル（米国内売上）

100

売上
（年平均成長率11%）

10

研究開発費
（年平均成長率15%）

1

1980　1985　1990　1995　2000　2005
（年度）

100

10億ドル（研究開発費）

10

1

出所：ヘンリー・チェスブロウ　栗原潔訳（2007）『オープンビジネスモデル』翔泳社、p.17

売上の伸び率＜研究開発費の上昇率、ということはいずれコスト
が収入を上回るということを意味します。これは医薬会社のグラ
フですが、研究開発の比率の大きな企業は同様の問題に直面する
と推測されています。

36 クローズドイノベーションのプロセス

▶ 信条

　ここで改めて自前主義について解説します。これは、企業内部でイノベーションを完結させるもので、クローズドイノベーションとも言われます。大型コンピュータや原子炉のように、大企業が研究開発部門を内部に抱え、自前主義で研究と開発が進められます。

　自前主義にこだわるのは、それが競争優位をもたらすと信じられていたからです。業界で最も優秀な人材を雇い、自ら開発すれば先行優位で勝てる。それゆえ投資は惜しまず、開発した知財は外に出すべきではないとされました。

▶ 創出プロセス

　イノベーションの創出は研究から開発へと、技術のタネが徐々に絞り込まれていくプロセスです。まず、社内の研究部門で技術やアイデアが考案され、それが社内の評価基準で選別されます。有望なものは次の開発ステップへと進んで製品・サービス化されるのです。

　このプロセスがすべて1つの企業の内部で完結しています。境界は明確で、外部とのやり取りは一切含まれません。自分たちで研究開発したものを自分たちの手で顧客に届けることが基本であり、外から技術を調達したり、自社のものを外に持ち出したりすべきでないとされました。

クローズドイノベーションの信条

人材	最も優秀な人材を雇うべきである。
独力	研究開発から利益を得るためには、 発見、開発、商品化まで独力で行わなければならない。
	独力で発明すれば、最初にマーケットに出すことができる。
成功	イノベーションを、最初にマーケットに出した企業が 成功する。
競争	業界でベストのアイデアを創造したものが勝つ。
知財	知的財産をコントロールし他者を排除すべきである。

出所：ヘンリー・チェスブロウ 大前恵一朗訳（2004）『OPEN INNOVATION』
産業能率大学出版部、p.10

クローズドイノベーションの創出プロセス

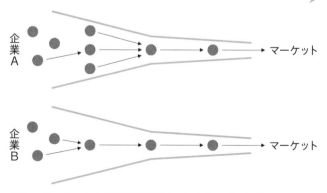

出所：ヘンリー・チェスブロウ 栗原潔訳（2007）『オープンビジネスモデル』翔泳社、p.47

89

37 クローズドイノベーション
の崩壊

▶ 自前主義の崩壊

　クローズドイノベーションは、かつては効果的なプロセスでした。しかし、労働市場が流動化し、優秀な人材と技術が社外へと流出するようになると様相が変わります。大企業を去った人材がライバル企業へ移籍したり、ベンチャー企業を立ち上げたりして、大企業を脅かすようになりました。新興企業は流出した人材や技術をうまく活用し、迅速に製品サービスを投入し始めたのです。

▶ 費用と収益のバランス

　こうして製品ライフサイクルが短くなり、競争が激化すると、クローズドイノベーションを採用している企業の収益構造は悪化します。すべて自分のペースで研究開発と製品化を進められていた時代であれば、十分な時間をかけて投資回収できましたが、外部資源を迅速に活用するライバルの登場により、これが成立しなくなったのです。

　チェスブロウ教授は、クローズドなモデルが通用していた「以前の世界」の費用収益のバランスと、それが通用しない「今後の世界」の費用収益のバランスの変化を図示しています。イノベーションのコストが上昇しているにもかかわらず、製品のライフサイクルが短くなるわけですから、回収が難しくなるのです。

困難になる開発コストの回収

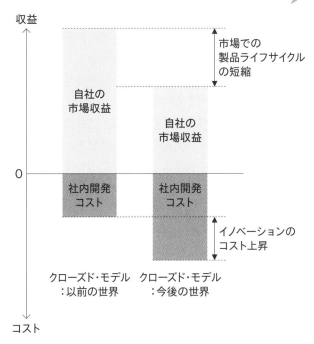

出所：ヘンリー・チェスブロウ 栗原潔訳（2007）『オープンビジネスモデル』翔泳社、p.16

外部資源を素早く組み合わせ、市場で売上を伸ばす企業が、新しい時代のペースメーカーとなります。デジタル技術の発達も無関係ではないと考えられます。

38 オープンイノベーションのプロセス

▶ 信条

　これに対抗するには、自社の技術やアイデアと社外の技術とアイデアとを組み合わせて、価値を創出するしかありません。社外から技術やアイデアを調達して時間とコストを節約する一方で、社内で開発した技術であっても、社外に提供して有効活用するのです。

　自前主義のパラダイムからすれば、これはコペルニクス的な転回です。内と外を結びつける仕組み、オープンビジネスモデルが注目されるようになったのです。

▶ 創出プロセス

　イノベーションの創出プロセスも、クローズドなものとは対照的です。企業の境界は絶対的なものではなく、相互に交流できるものとします。大別すると、外から内へと呼び込む「インバウンド型」と内から外へと引き渡す「アウトバウンド型」があります。

　いずれの場合もイノベーション創出のプロセスは１つの企業の内部で完結することはありません。自前主義では活用されることのない技術やアイデアが、外部との協力によって活用されるわけですから、社会的にも大変意義のある取り組みだといえます。

人材	社内に優秀な人材は必要ない。 社内に限らず社外の優秀な人材と共同して働けばよい。
独力	外部の研究開発によっても大きな価値が創造できる。社内の研究開発はその価値の一部を確保するために必要である。
	利益を得るためには、 必ずしも基礎から研究開発を行う必要はない。
成功	優れたビジネスモデルを構築する方が、 製品をマーケットに最初に出すよりも重要である。
競争	社内と社外のアイデアを最も有効に活用できた者が勝つ。
知財	他者に知的財産権を使用させることにより利益を得たり、 他者の知的財産権を購入することにより 自社のビジネスモデルを発展させることも考えるべきである。

出所：ヘンリー・チェスブロウ 大前恵一朗訳（2004）『OPEN INNOVATION』
　　　産業能率大学出版部、p.10

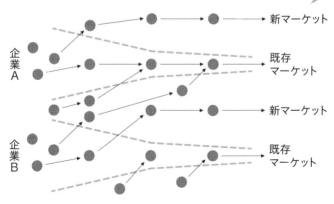

出所：ヘンリー・チェスブロウ 大前恵一朗訳（2004）『OPEN INNOVATION』
　　　産業能率大学出版部、p.9

39 オープンイノベーションの台頭

▶ ビジネスモデルはどうなるか

イノベーションの創出プロセスがオープンになると、何が変わるのでしょうか。1つは、技術やアイデアを社内に取り込むことができるようになります。これによって研究開発コストを下げつつ、さまざまな事業機会を生み出すことができます。

そしてもう1つは、自社で開発した技術やアイデアを社外に委ねることができるようになります。クローズドイノベーションでは、自社で研究開発した技術は、基本的に、従来のビジネスモデルに組み込むしかありませんでしたが、その制約をなくすことができるようになるのです。

▶ 費用と収益のバランス

オープンイノベーションに最適化されたビジネスモデルを構築することで、時間と費用を抑えつつ事業機会をとらえて売上を伸ばすことができます。

チェスブロウ教授は、「クローズドモデル」の費用収益のバランスと、「オープンモデル」の費用収益のバランスとを比較して図示しています。注目すべきは、社外開発の活用によるコスト削減と、新規収益です。売却／事業分離、スピンオフ、ライセンス収入というような選択肢が生まれるので、ビジネスモデルの自由度が増します。

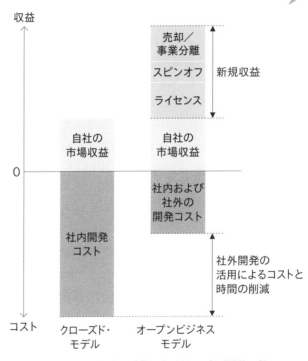

オープンイノベーションの投資回収

収益

売却／事業分離	
スピンオフ	新規収益
ライセンス	

自社の市場収益 （クローズド・モデル）

自社の市場収益 （オープンビジネスモデル）

0

社内および社外の開発コスト

社内開発コスト

社外開発の活用によるコストと時間の削減

コスト

クローズド・モデル　　　オープンビジネスモデル

出所：ヘンリー・チェスブロウ 栗原潔訳（2007）『オープンビジネスモデル』翔泳社、p.21

技術経営の基本は、より少ないインプットでより大きなアウトプットを追求して、アウトプット／インプット比率を高めることです。オープンイノベーションによって、分母のコストを下げ、分子の収入を増やすことが可能です。

40 オープンイノベーションをピクト図解で表す

▶ クローズドビジネスモデル

オープンイノベーションによって、ビジネスモデルがどう変わるのか。一言でいえば、多様な選択肢が生まれるということです。ピクト図解で考えてみましょう。従来のクローズドな世界のビジネスモデルは、製造業であれサービス業であれ、自前で開発して販売する「シンプル物販モデル」が一般的です。組織のあり方や評価基準など、すべてこれに最適化されているので他に選択肢がありません。

▶ ビジネスモデルの選択肢

しかし、オープンな世界では、"既存のビジネスモデル"という制約から自由になれます。そして、技術の特性や自社の制約に合わせて最適なビジネスモデルを選択できるようになるのです。

- 売却：自社では活かしきれない技術や知財を他社に売却して収入を得る。
- スピンオフ：その技術や知財にコミットした人たちを独立させ、その対価として、発行する株式の一定の割合を譲渡してもらう。
- ライセンス：技術や知財を他社に利用してもらうことでその対価を得る。

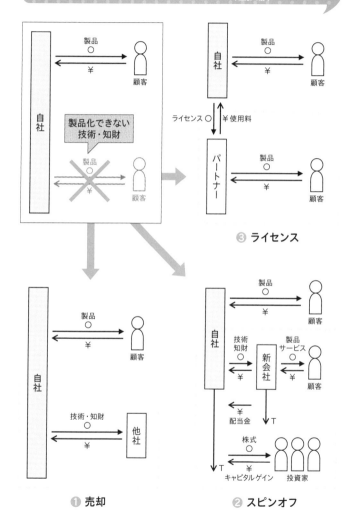

オープンモデルへの３つの選択肢

❸ ライセンス

❶ 売却

❷ スピンオフ

出所：板橋悟「ビジネスモデル構築講座」テキスト資料をもとに筆者作成

41 売却

▶ 売却

　主要なモデルについて順に説明しましょう。売却とは、自社では活かしきれない技術や知財を他社に売却して収入を得る方法です。売却した瞬間に金額が確定し、開発投資が回収できるか否かが定まります。リスクがない反面、事業が伸びても取り分は売却金額以上にはなりません。

　それゆえ、売却が適するのは、早期に資金を回収したい場合やリスクを避けたい場合です。逆に、将来性があっても不確実な技術は、売却しようとしても評価が低くなりがちです。このような場合は、売却ではなく、ライセンスなどの成果連動型の方法が選ばれることも少なくありません。

▶ 顧客は技術や知財を求める法人

　売却をピクト図解の基本分類に照らし合わせると「シンプル物販モデル」となります。売却するモノが製品ではなく技術となること、そして、その対象が従来の顧客ではなく、技術を求める法人となる点で異なります。

　それゆえ、ピクト図解で示すと、売却先は□で示された法人となりますし、両者を結ぶ矢印の上には「製品」ではなく「技術・知財」が示されます。クローズドな世界のビジネスモデルと同じ構造ですが、「誰に、何を売り、どのような対価をもらうか」という点で異なるのです。

売却のピクト図解

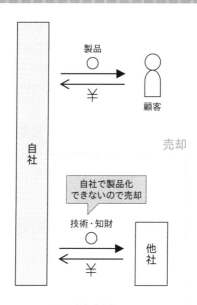

出所：板橋悟「ビジネスモデル構築講座」テキスト資料をもとに筆者作成

42 スピンオフ

▶ スピンオフ

　スピンオフによって、自社で活かしきれない技術や知財を、部門ごと新会社として独立させることができます。市場規模が小さすぎて基準に満たない場合、社内の既存の事業部と競合してしまう場合、自社が戦略的に定めている事業領域から外れてしまう場合などで有効です。

　新会社は独立した存在となるため、迅速かつ柔軟な意思決定が可能になります。元の会社とライバル関係にあった企業とも取引しやすくなり、事業機会も広がります。第三者から出資してもらって成長を加速することも可能です。

▶ 配当とキャピタルゲイン

　日本においてもスピンオフの歴史は古く、古河電工から富士電機が分離・独立し、さらにそこから富士通が生まれ、その富士通からファナックが派生しました。いずれも、元の会社を超える大企業に成長した成功事例です。成長の段階においては、配当金を享受するとともに、上場にあたってはキャピタルゲインを獲得しています。

　ピクト図解に示すと、右のようになります。独立元の企業は、保有している株式について配当を継続的に受け取ります。また、新会社が株式上場したときは、保有株式を売却して現金化することも可能です。

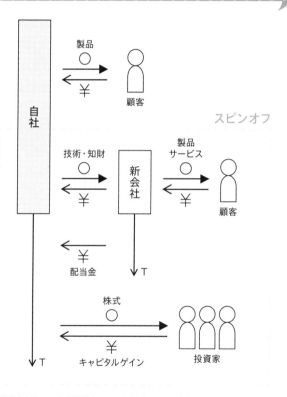

出所：板橋悟「ビジネスモデル構築講座」テキスト資料をもとに筆者作成

43 ライセンス収入

▶ ライセンスモデル

　ライセンスモデルというのは、技術や知財を他社に利用してもらい、その対価を得るものです。たとえばP&Gは、ライセンシングに積極的です。自社で活用している知財でも、市場に投入されてから3年、ないしは5年経てば社外で利用可能としました。これを「スリー・ファイブ・プログラム」といいます。

　さらに、特許化された知財だけではなく「業務ノウハウ」についてもライセンシングするという野心的な試みも行われています。P&Gの製造部門が開発した生産工程制御のアルゴリズムをコンサルティング会社のベリングポイントにライセンスして、大いに役立てられました。

▶ ピクト図解

　ライセンスモデルをピクト図解にすると右のようになります（板橋悟さんは、スライドシェアのサイトで「ライセンスモデル」のピクト図解を公開しています）。

　このモデルは、社内で開発した資源を二次利用するという意味において「二次利用モデル」(28) の派生型と考えられます。独占排他的な権利を相手に付与しなければ、三次利用、四次利用して収益を伸ばすことができます。課金の仕方もさまざまで、継続課金にすることも可能です。

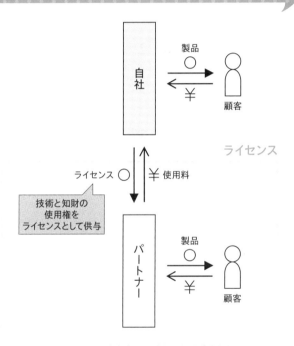

出所：板橋悟「ビジネスモデル構築講座」テキスト資料をもとに筆者作成

「いつ、どの会社に、どの範囲まで供与するか」という点はライセンスモデルにおいて重要な意思決定です。

44 ゲームのルールが変わる

▶ チェスとポーカー

　クローズドな世界とオープンな世界とでは、イノベーションの創造プロセスは対照的です。チェスブロウ教授は、従来のイノベーション創出プロセスが「チェス」に似ているのに対して、オープンイノベーションは「ポーカー」に似ていると言います。

　チェスの場合は対戦相手との盤面や持ち駒などから、相手の動きを先読みして計画することができます。よく知った既存の市場に従来のビジネスモデルで勝負するという状況は、これに似ています。

▶ ポーカーへの対応

　しかし、ポーカーの場合、きわめて不確実な状況でカードを見て、賭け金をあげるか退出するかを決めなければなりません。新しい技術とビジネスモデルで未知の市場に届くのか。先読みして計画することはできない状況で勝負する必要があります。

　先が読めないという不確実な世界では、ビジネスモデルづくりも、仮説検証を繰り返しながら勝負していくしかありません。社内の評価基準で選別すると見誤るかもしれないので、先に紹介したリーンスタートアップ方式を活用すべきなのです。

チェスとポーカーの違い

写真提供：ピクスタ

クローズドな世界

ゲームを知っていれば、ある程度予測がつく

写真提供：ピクスタ

オープンな世界

ゲームを知っていても、何が起こるかわからない

イノベーションというのは、そもそも不確実でマネジメントし難いものです。無理にでも計画的なパターンに収めようとするのか、先の読めないものとして受け入れ、仮説検証を繰り返そうとするのかのスタンスの違いです。

45 パナソニックの オープンイノベーション

▶ 社内に起業家精神を醸成するBeeEdge

　パナソニックは自社の社員に対して、起業する機会を与えることで社内に起業家精神を醸成し、埋もれたアイデアや人材を活かそうとしています。社内で事業化しにくいアイデアを有している社員に事業機会を与えるために、合同出資でベンチャーキャピタルを立ち上げてスピンオフを促したのです。それがScrum VenturesやINCJとの合資会社であるBeeEdgeです。

▶ 食文化を創造するミツバチプロダクツ

　BeeEdgeの支援先第1号は、チョコレートドリンクメーカーのミツバチプロダクツです。この製品は、パナソニックでは「十分な市場規模が見込めない」と評価され、チャンスは与えられませんでした。そこで発案者の浦はつみさんは、BeeEdgeの支援を受けて独立、チョコレートドリンク事業を立ち上げることにしました。

　日本では新しい食文化となるチョコレートドリンクを広めるのは容易ではありません。浦さんは、新しい食文化を広めるためには飲食店の協力が不可欠だと考え、一般家庭ではなく法人を相手に製品の販売を始めました。さらに浦さんは、一般の飲食事業者には思いつかないレシピを月額課金モデルで提供することで、食文化の拡大に努めています。

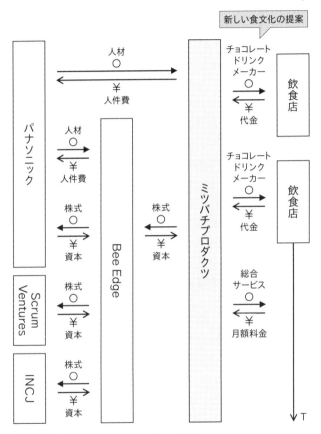

出所：板橋悟監修、井上裕貴・齋藤怜那（井上達彦研究室）作成

Scrum Ventures：アーリーステージのスタートアップ投資と
　大企業のオープンイノベーションの支援を行うベンチャーキャピタル

INCJ：オープンイノベーションによる産業の創出を支援する
　「産業革新機構」の子会社

Coffee Break
5

ベンチャーカフェ

　イノベーションには、それを誘発する「場」が必要です。そのような場の１つに、2009年にアメリカのボストンで生まれたVenture Caféがあります。設立以来、起業家や投資家、研究者が集える「場」を提供してイノベーションを誘発してきました。今では、オランダのロッテルダムや東京の虎ノ門にも進出して世界的な広がりを見せています。

　Venture Café Tokyoが開催する主要イベントの１つに、Thursday Gatheringという交流イベントがあります。毎週木曜日に多様なイノベータたちによる講演やイノベーションを加速させるためのワークショップが開催されています。理事にはアントレプレナーシップの研究・教育で名高いバブソン大学の山川恭弘准教授が就任しており、イベントへの参加者は累計で2万名に達します。簡単な登録さえすれば誰でも気軽に参加できるので、みなさんもぜひ一度訪れてみてはいかがでしょうか。

第 6 章

価値連鎖から
プラットフォームへ

46 プラットフォームへの
シフト

▶ 価値創出のロジックが変わる

　2つめのパラダイムシフトは、価値の生み出し方に関わるものです。材料や部品を購入し加工して販売するという価値連鎖（バリューチェーン）型から、顧客同士を仲介して結びつけるプラットフォーム型へのシフトが目立ちます。

　プラットフォーム型のビジネスモデルを組み込んだ米国のGAFA（Google、Apple、Facebook、Amazon）や、中国のアリババとテンセントが大躍進し、時価総額上位にランクインしました。そして、経済学においてはジャン・ティロール教授がプラットフォームの研究でノーベル経済学賞を受賞しました。

▶ 伝統モデルとの比較調査

　経営学においてはマイケル・クスマノ教授たちが、プラットフォーム企業の収益性の高さを確かめるために、同一業界の価値連鎖型の非プラットフォーム企業との比較調査を行いました（プラットフォーム43社と比較対象企業100社との比較）。

　その結果、プラットフォーム企業は、比較対象企業の約半分の従業員数で同程度の売上を達成していること、営業利益率は比較対象企業の約2倍であること、株式市場における企業価値も2倍以上であることがわかりました。

1995年から2015年のプラットフォーム企業の業績

変数[1]	非プラットフォーム企業	プラットフォーム企業
企業数	100	43
売上（百万）	$4,845	$4,335
従業員数	19,000	9.872
営業利益率	12%	21%
市場価値（百万）	$8,243	$21,726
市場価値／売上倍数[2]	1.94	5.35
研究開発費／売上	9%	13%
S&M＋G&A／売上[3]	17%	24%
前年比の売上成長率	9%	18%
市場成長率	8%	14%
サンプル企業のデータの合計年数	1,018	374

（1）マン・ホイットニーのu検定を用いた業界サンプルとプラットフォーム企業の比較をした結果、有意水準1％で有意な差を得られた
（2）市場価値を前年の売上と比較した際の割合
（3）販売費＋一般管理費を売上で割った値

出典：Michael A. Cusumano, David B. Yoffie, and Annabelle Gawer（2020）61(3), pp.46-54

成功しているプラットフォーム企業と伝統的な価値連鎖企業との比較により、プラットフォーム効率性の高さが示されました。

47 プラットフォームの事例

▶ Apple iPhone

　なぜ、プラットフォーム企業は、非プラットフォーム企業の２倍ものパフォーマンスを上げることができるのでしょうか。それは、利用者たちの関わり合いを促し、好循環を引き起こして価値を創出することができるからです。

　AppleはiPhoneで楽しめるアプリを充実させるために、社外の人たちが自由にアプリを開発できるようにインターフェイスを公開しました。アプリがたくさん揃えば、iPhoneというプラットフォームは魅力的になり、利用者はますます増えます。利用者が増えれば多くの人たちがそこにアプリを提供するという好循環が生まれます。

▶ Airbnb

　民泊事業のAirbnbはどうでしょうか。同社は一般の人から自宅で余っているスペースを提供してもらい利用者とマッチングさせました。提供者としては、余っているスペースを貸し出すだけで収入が得られます。利用者としては、出費を抑えながらユニークな体験ができます。

　提供スペースが増えれば増えるほど、多くの利用者が集まります。そして利用者数が増えれば増えるほど、ビジネスチャンスが拡大するので、より多くの提供者が登録するという好循環が生まれるのです。

競争優位性の追求において、
企業は取引プラットフォームとイノベーションプラットフォームを
組み合わせて、ハイブリッドモデルを形成していく

取引
プラットフォーム

楽天
Baidu　Alibaba
Apple App Store
Google Play
Windows Store
Facebook Social Network
WeChat
Amazon Marketplace
Instagram　Twitter
Uber　Airbnb

ハイブリッド
企業

Apple
Google
Microsoft
Facebook
Tencent
Amazon

イノベーション
プラットフォーム

任天堂
ソニープレイステーション
Apple iOS
Google Android
Microsoft Azure
Facebook for Developers
WeChatAPIs
AWS
IBM Watson
Intel CPU

ネットワーク効果を
前提とした直接交換や
取引の仲介としての
プラットフォームサービス

他の企業が補完的な
イノベーションを開発する
技術基盤としての
プラットフォームサービス

出所：Cusumano et al（2019）p.5を一部改訂

　プラットフォームサービスは「イノベーションプラットフォーム」
と「取引プラットフォーム」に分類できます。例えば、同じ
Appleであっても、Apple iOSはイノベーションプラットフォー
ムで、Apple App Storeは取引プラットフォームです。有力なプ
ラットフォーム企業は、両者を組み合わせることによって企業価
値を高めています。

48 イノベーション プラットフォーム

▶ ネットワーク効果

プラットフォームにおける好循環の正体は、ネットワーク効果と呼ばれるものです。つまり利用者が増えれば増えるほど、ネットワークの価値が高まり、利用者の便益が高まるという効果です。

誰にネットワーク効果を働かせるかによって、プラットフォームのビジネスモデルは、2つに分けることができます。1つはイノベーションプラットフォームで、もう1つが取引プラットフォームです。

▶ イノベーションプラットフォーム

イノベーションプラットフォームは、補完的な製品やサービスの開発を促すものです。PCやスマホのアプリケーションがその典型で、サードパーティの開発によってPCやスマホの価値が高まります。プラットフォームの機能が拡張し、その上に資産が上乗せされるわけです。

これが、ネットワーク効果の源泉です。より多くの補完的生産者が集まり、より高品質の製品やサービスが提供されるほど、プラットフォームの魅力は増します。そして、それが呼び水になって、多くの利用者を引きつけるようになるのです。iPhoneのアプリのプラットフォームはまさにこの典型だといえるでしょう。

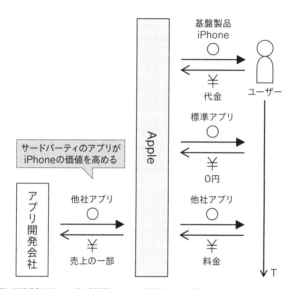

iPhoneのピクト図解

基盤製品
iPhone
○
¥
代金
ユーザー

標準アプリ
○
¥
0円

サードパーティのアプリが
iPhoneの価値を高める

アプリ開発会社

他社アプリ
○
¥
売上の一部

他社アプリ
○
¥
料金

T

出所：板橋悟「ビジネスモデル構築講座」テキスト資料をもとに筆者作成

Appleは、iPhoneをユーザーに販売することによって収入を得ます。アプリ開発会社は、サードパーティとして、さまざまなアプリを開発して市場に投入してiPhoneのプラットフォーム価値を高めてくれます。そして、Appleは、その売上の一部を収入にすることができるのです。

49 取引プラットフォーム

▶ 取引プラットフォーム

　一方、取引プラットフォームというのは、参加者たちが製品・サービス、情報を交換できるようにするオンライン市場、ないしは仲介や媒介をする場のことです。

　eBayやメルカリのように売りたい人と買いたい人をマッチングさせたり、Airbnbのように宿泊スペースをシェアしたりするのがその典型ですが、FacebookのSNSも含まれます。その存在なしでは成立しなかった交換を可能にすることによって価値を生み出します。

▶ ネットワーク効果

　取引プラットフォームが急成長するのは、売り手が買い手を呼び、買い手が売り手を呼ぶというような好循環を引き起こせるからです。eBayやメルカリの場合、出品者が多ければ多いほど、購買者も集まり、そして購買者が集まれば、出品者もさらに増えるのです。

　イノベーションプラットフォームが補完的生産者に働きかけて、ポジティブフィードバックを働かせるのに対し、取引プラットフォームは供給サイドか需要サイド（ないしは双方）に働きかけて好循環を生み出すのが特徴です。ネットワーク効果を働かせるという点では共通していますが、誰に対して働きかけるかが異なるのです。

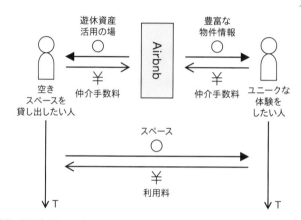

Airbnbのピクト図解

遊休資産
活用の場
○

Airbnb

豊富な
物件情報
○

￥
仲介手数料

￥
仲介手数料

空き
スペースを
貸し出したい人

ユニークな
体験を
したい人

スペース
○

￥
利用料

T

T

出所：板橋悟「ビジネスモデル構築講座」テキスト資料をもとに筆者作成

プラットフォームを立ち上げる際に、供給側を先に集めるか需要側を先に集めるかは、参入する市場などによって異なります。Airbnbは、ホストを集めることが成功の鍵だと考え、宿泊物件を増やして需要を喚起し、成功を収めました。最終的には、需要と供給の双方をバランスよく増やしてネットワーク効果を働かせていく必要があります。

50 取引プラットフォームの急成長の論理

▶ 同一サイド効果

　もう少し詳しく説明しましょう。イノベーションプラットフォームと取引プラットフォームとでは好循環の論理が違うのですが、取引プラットフォームの好循環は、２つの種類に分けられます。１つは、需要サイドないしは供給サイド内に閉じる好循環で、「同一サイド効果」と呼ばれます。FacebookのSNSなどにしても利用者が増えるほど便益が高まるので、さらなる利用者を呼び込みます。

▶ クロスサイド効果

　もう１つは「クロスサイド効果」と呼ばれるもので、需要サイドと供給サイドの間にまたがるものです。Airbnbの場合、供給サイドで宿泊物件が多いほど、需要サイドの利用者は増えますし、逆に、利用者が多いほどそのプラットフォームに提供したいという物件が増えるのです。

　通常、好循環というのは自然に生まれるものではありません。プラットフォーム型のビジネスモデルを構築するときに、意図的に供給サイドや需要サイドに働きかける必要があります。Airbnbの場合、宿泊施設の撮影や決済を代行することで供給者を増やしました。その一方で、利用者からの施設についての評価を集めて公開することで需要を増やすことができたのです。

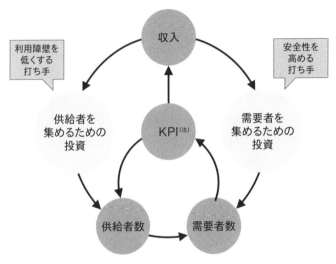

取引プラットフォームの好循環

収入

利用障壁を
低くする
打ち手

安全性を
高める
打ち手

供給者を
集めるための
投資

KPI（注）

需要者を
集めるための
投資

供給者数

需要者数

(注) KPI：Key Performance Indicators
　　 鍵となる成果指標のことで、実際にそのコンテンツを閲覧した利用者数や、
　　 マッチングが成立した件数などのことを指します。

作成：井上達彦研究室

好循環を引き起こすためには、まず、同一サイド効果を生み出す
ための「打ち手」が必要で、次にその効果をクロスサイドへと広
げていく必要があります。

51 価値連鎖型

▶ 伝統的な企業

　プラットフォームの価値創出への理解が深まったところ
で、比較対象となった非プラットフォーム企業について考
えてみましょう。比較対象企業というのは、伝統的なモノ
づくり企業、ないしは流通・小売企業のことです。その形
態は、「価値連鎖」もしくは「パイプライン」で示すことが
できます。すなわち、片方に製品・サービスの生産者がい
て、別の片方に消費者がいるという、単一の直線的な流れ
です。一方通行で調整されながら段階的に価値が付加され、
モノやサービスが移転されるビジネスです。

▶ 価値の生み出し方

　伝統的なパイプラインの価値の創造は、より少ないイン
プットからより多くのアウトプットを生み出すことによっ
て実現します。たとえば自動車メーカーの場合、原材料を
安く調達、効率的に加工された部品を、スケールメリット
を生かして組み立てて販売するということです。
　ここでの儲け方は、それぞれの段階でインプットとアウ
トプットの差分を最大化し、それを積み重ねていくという
ものになります。ネットワーク効果のような、幾何級数的
な価値創出は見込めないので、それが両者のパフォーマン
スの差になっていると考えられます。

| インプット | 加工 | アウトプット |

出所：ロール・クレア・レイエ、ブノワ・レイエ 根来龍之監訳 門脇弘典訳（2019）
　　　『プラットフォーマー　勝者の法則』日本経済新聞出版社、p.72

支援活動	全般管理（インフラストラクチャ）					マージン
		人的資源管理				
		技術開発				
		調達活動				
	購買物流	製造オペレーション	出荷物流	マーケティングと販売	サービス	マージン
	主活動					

出所：マイケル・ポーター 土岐坤他訳（2019）『競争優位の戦略』ダイヤモンド社、p.49

製品やサービスを生産する生産者から消費者へと価値の流れが一
方通行で直線的である伝統的なビジネスモデルでは、川上から川
下に行くにつれて付加価値を高めていきます。この捉え方はマイ
ケル・ポーターの価値連鎖に由来しています。

52 プラットフォームを ピクト図解で表す

▶ パイプライン

　それでは、伝統的な価値連鎖、すなわちパイプラインからプラットフォームへのシフトをピクト図解で考えてみるとどうなるのでしょうか。

　パイプラインの典型は、自動車メーカーや大型小売チェーンです。ともにインプットとアウトプットの差分を最大化することによって価値を生み出すビジネスで、原材料や部品を加工して販売する「シンプル物販モデル」や商品を仕入れて販売する「小売モデル」に該当します。

▶ プラットフォーム

　一方、プラットフォームは、さまざまな形で収益を上げることができます。イノベーションプラットフォームの場合、伝統的なビジネスと同様、「シンプル物販モデル」などによって収益を得るのが基本です。ただし、補完的生産者が自分の製品・サービスの価値を高めてくれるので、より多くの収入が見込めます。また、アプリなどの補完的生産者にライセンスフィーを課すこともできるでしょう。

　取引プラットフォームの場合は、取引するごとに発生する手数料を集めたり、広告料収入を得たりするのが主流です。ピクト図解でいえば「マッチングモデル」や「広告モデル」のどちらか、ないしはその双方です。

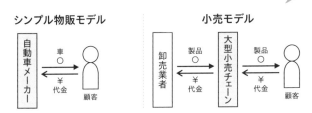

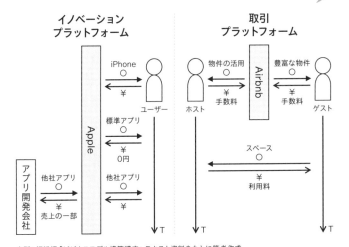

出所：板橋悟（2010）『ビジネスモデルを見える化する ピクト図解』ダイヤモンド社、
　　　p.78をもとに筆者作成

出所：板橋悟「ビジネスモデル構築講座」テキスト資料をもとに筆者作成

53 プラットフォームを 埋め込む

▶ パイプラインとの結合

　ここまで話をわかりやすくするために、価値連鎖＝パイプラインをプラットフォームに変貌させるべきだという口調で説明してきました。

　しかし、実際には、パイプラインにプラットフォームを接合したり埋め込んだりすることで、パラダイムシフトを乗り切ることができるのです。むしろ、両社の強みを生かし、弱みを補うようにできれば最強のビジネスモデルを構築できます。

▶ アマゾンの事例

　たとえば、アマゾン・ドットコムは、パイプラインから事業をスタートしましたが、そこに上手にプラットフォームを埋め込むことで成長を加速させることができました。最初に手がけた書籍販売は、商品を仕入れて販売するパイプラインです。次に展開した、出品者と購買者をつなぐマーケットプレイスは取引プラットフォームです。そして、法人向けに提供するAWSというクラウドサービスは、イノベーションプラットフォームなのです。

　ピクト図解でいえば「小売モデル」「マッチングモデル」「継続モデル」を組み合わせています。冒頭で述べた巨大企業はいずれも組み合わせから成り立っています。

	プラットフォーム	再販小売	インプットアウトプット
リテール		✓	
マーケットプレイス	✓		
出荷代行、配送、クラウドサービス			✓
アンドロイド用ソフトウェア	✓		
家電(キンドル、エコーなど)			✓
コンテンツ制作(スタジオ)			✓
映像配信(インスタントビデオ)		✓	
ゲーム(スイッチ)	✓		

出所：ロール・クレア・レイエ、ブノワ・レイエ 根来龍之監訳　門脇弘典訳 (2019)
　　　『プラットフォーマー　勝者の法則』日本経済新聞出版社、p.98

　パイプライン型の強みは、顧客体験やバリューチェーンを効率的にコントロールできる点であり、プラットフォームの強みは、自社で資産を持つことなく、顧客同士を仲介することで他社の力を活用し、指数関数的に成長できる点です。

54 アマゾン

▶ マーケットプレイス

　最後に、アマゾンの事例をより詳しく見ていきましょう。アマゾンは自社で展開していたパイプラインに、取引プラットフォームであるマーケットプレイスを組み合わせました。プラットフォームの追加によって、小売販売だけでは不十分だった品数が大幅に増加し、顧客の選択肢が多様化しました。その結果、アマゾンは単純なパイプラインだけを展開していたときよりも多くの顧客を引きつけることに成功します。

▶ AWS（Amazon Web Service）

　アマゾンは取引プラットフォームのみならず、イノベーションプラットフォームも追加しています。それが、法人向けクラウドサービスのAWSです。AWSは、通信データ量に応じて料金が発生する、従量課金制を採用しています。伝統的なビジネスと同様に「シンプル物販モデル」で収益を上げるだけではなく、補完的生産者にAWS内で利用できるソフトウェアを開発してもらい、その売上の一部を手数料として得ています。このように、補完的生産者の力を活用して、自社のプラットフォームの価値を高めることに成功しました。

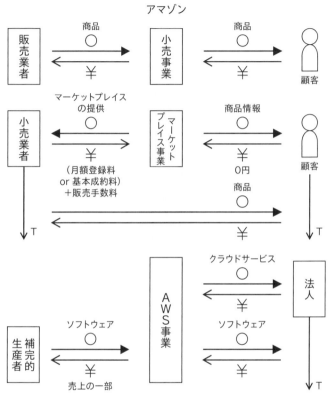

出所：板橋悟作成

マーケットプレイスでは出品者が出品プランに応じて月額登録料もしくは、基本成約料（商品が売れるごとに100円課される）を支払い、さらに商品が購入されるごとに販売手数料が課せられます。シンプルで手軽な料金体系のため、出品者は気軽にマーケットプレイスに参加することができます。

システムシンキング

　ビジネスモデルの好循環をビジュアルに描き出すツールに、システムシンキングがあります。たとえば、低価格化によってマーケットシェアと販売数量が増加し、それが規模の経済に結びついて商品原価を下げ、さらに価格を下げることができるようになるという因果関係です。

　システムシンキングの特徴は、第1に、因果関係をループによってつないでいるという点です。ある原因がこの結果をもたらしたということで完結するのではなく、この結果が次の原因となるという循環関係を表すことができます。

　第2に、矢印で結ばれる箱の部分が変数、すなわち「数値で表せるもの」に統一されています。これによって、価格という変数を下げれば、マーケットシェアという変数が上がり、それによって商品原価という変数が下がることがわかります。この理解が最適なシステム設計に役立つのです。

第 7 章

売り切りから
サブスクリプションへ

55 継続利用への パラダイムシフト

▶ 売り切りから継続利用へ

　3つめのパラダイムシフトは、「製品にして売り切る」から「継続的に利用してもらう」という転換です。その典型は、毎月一定の金額を払えば好きなものを、好きなときに、好きなだけ観たり聴いたりできるというようなサービスで、サブスクリプションと呼ばれます。

　かつて、音楽や映画はCDやDVDという媒体で販売されるのが普通でした。しかし、今やネット上の配信サービスが登場し、毎月一定の金額を支払えば「聴き放題」「見放題」で楽しむこともできるのです。

▶ サブスクリプションの歴史

　サブスクリプション＝定期購入として捉えると、その歴史は古く、新聞や雑誌の購読に由来します。サービスを提供する側としては、その都度販売するよりも契約管理が楽で、在庫に気を使わなくても済み、安定的に収益を見込めるというメリットがあります。一方、利用する側としても定期的に必要とされる商品であれば、いちいち購入するという手間暇が省けます。

　さらに、現代のサブスクリプションは、デジタル化されたインフラの上に生まれたサービスであり、単純な定期購入にとどまらない価値を生み出しています。

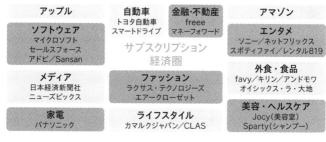

あらゆる業界へ拡大するサブスクリプション

アップル	自動車	金融・不動産	アマゾン
ソフトウェア マイクロソフト セールスフォース アドビ／Sansan	トヨタ自動車 スマートドライブ	freee マネーフォワード	**エンタメ** ソニー／ネットフリックス スポティファイ／レンタル819

サブスクリプション
経済圏

メディア
日本経済新聞社
ニューズピックス

ファッション
ラクサス・テクノロジーズ
エアークローゼット

外食・食品
favy／キリン／アンドモワ
オイシックス・ラ・大地

家電
パナソニック

ライフスタイル
カマルクジャパン／CLAS

美容・ヘルスケア
Jocy（美容室）
Sparty（シャンプー）

出所：ダイヤモンド編集部『5分でわかる「サブスクリプション」、単なる定額制との違いは？』
〈https://diamond.jp/articles/-/206121〉をもとに作成

サブスクリプションは、歴史を超え、国を超え、業種を超えて広がってきました。デジタル化によってその普及スピードは高まっています。

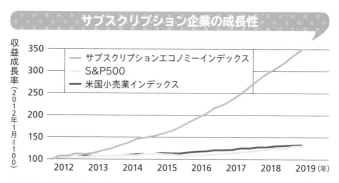

サブスクリプション企業の成長性

収益成長率（2012年1月＝100）

- サブスクリプションエコノミーインデックス
- S&P500
- 米国小売業インデックス

出所：Zuora公式HP〈https://jp.zuora.com/resource/subscription-economy-index/〉
をもとに作成

サブスクリプション型の企業は、売上高において、一般の小売業はもちろん、S&P500（アメリカの代表500銘柄）をも大きく上回る成長を実現しています。

56 ネットフリックス

▶ 定額使い放題

たとえば、動画配信サービスのNetflixや楽曲配信サービスのSpotifyは、利用者が、多種多様な動画や楽曲の中から好きなものを、好きなだけ観たり聴いたりできるというサービスを提供しています。

CDやDVDをレンタル／購入するよりも安価なので、瞬く間に多くの人たちに人気を博しました。1回のレンタルに数百円かかっていたのが、今や月額1490円程度で見放題聴き放題になったのですから当然です。

▶ コストパフォーマンス

NetflixやSpotifyといったデジタル系サブスクリプションは、実際にモノを動かして顧客に届けるためのコストがほとんどかかりません。その分だけ、開発やサービスを手厚くできます。また、ネットワークによって利用状況を追跡できるので、誰が、どのようなときに、何を視聴したのか（途中で止めたのか）がわかります。個々の利用者の視聴行動を理解し、レコメンドしたり、オリジナルコンテンツの制作に役立てたりできるのです。

これによって、人々のメディアの消費の仕方が変わりました。最新の好みに合った動画や楽曲を楽しみ、生活をアップデートできるようになったのです。

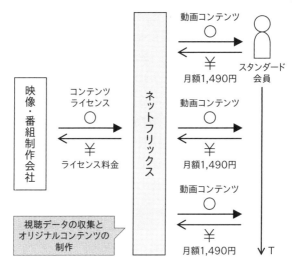

ネットフリックスのピクト図解

映像・番組制作会社

コンテンツライセンス ○ →
← ¥
ライセンス料金

ネットフリックス

動画コンテンツ ○ →
← ¥
月額1,490円
スタンダード会員

動画コンテンツ ○ →
← ¥
月額1,490円

動画コンテンツ ○ →
← ¥
月額1,490円
↓ T

視聴データの収集とオリジナルコンテンツの制作

出所:板橋悟「ビジネスモデル構築講座」テキスト資料をもとに筆者作成

ネットフリックスには利用できる画質や視聴可能な端末の数に準じて、ベーシック、スタンダード、プレミアムの3つの会員プランがあります。そして、各ユーザーから継続的に得られる収益によって、オリジナルコンテンツの制作に莫大な投資をすることができています。

57 サブスクリプションの特徴

▶ ストックビジネス

　サブスクリプションは、企業にとっても多大なメリットがあります。一度契約してもらえれば、解約されない限り、継続的な収入が見込めます。年度が変わっても財務諸表をゼロから築き上げなくても済むのです。すでに獲得したユーザー数が利益のベースになるので、契約が続く限り、一定の収入が見込めます。将来の収益についての予測がつきやすくなるので、どのくらい投資に回しても良いかが見えてきます。大きな投資が必要であったり、年度をまたがる投資をすべきときでも、対応できるようになるのです。

▶ 計画的な投資

　この点が「売り切りモデル」と異なるところです。売り切りモデルでは、通常、原価に一定の利益を上乗せして価格づけられるので、一定の数量が売れれば確実な利益が保証されます。その一方で、昨年の実績が来期の収益を保証するわけではないので、収益をゼロから積み上げなければなりません。

　これまでの実績からある程度予測できるにしても、「売り切りモデル」では、予測の精度が高まらないのです。どれだけ利益が確保できるかがわからないので、計画的かつ大胆な投資はしにくくなります。

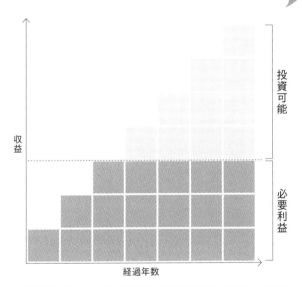

サブスクリプションの収益の累積

（縦軸）収益

（横軸）経過年数

投資可能

必要利益

出所：井上達彦（2019）『ゼロからつくるビジネスモデル』東洋経済新報社、P.313をもとに作成

途中解約がゼロであれば、顧客が増えた分だけ収益が安定的に積み上がっていきます。新規顧客を増やすことと同じぐらい、既存顧客をつなぎとめることが大切です。

58 サブスクリプションを ピクト図解で表す

▶ 伝統モデル

「売り切りモデル」と「サブスクリプション」とをピクト図解で対比して、そのシフトを表してみましょう。

伝統的な「売り切りモデル」は、莫大な投資をして製品を開発し、それに命運を託すという「シンプル物販モデル」です。このモデルでは、製品を数多く売って固定費の負担を減らすのが合理的です。それゆえビジネスモデルの中心は「製品」にあり、製品の都合でビジネスが回ります。顧客はマスとして括られ、一人ひとりの顔や行動はわかりません。バリューチェーンの最終地点に位置して製品を消費する存在とみなされるのです。

▶ 新しいモデル

これに対して新しい「サブスクリプション」は、顧客とのつながりを大切にする「継続モデル」です。デジタル技術を活用すれば、顧客の顔と行動が手に取るようにわかります。顧客ニーズに注目し、そこに向けて継続的な価値をもたらすことができるようになるのです。

これまでも、顧客ファーストの掛け声は耳にしてきましたが、本当の意味で、製品中心主義から顧客中心主義へのシフトが可能になり、従来の仕組みを再構築することができるのです。

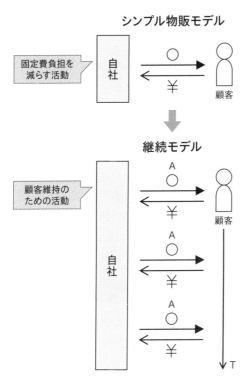

出所：板橋悟「ビジネスモデル構築講座」テキスト資料をもとに筆者作成

継続モデルにシフトするには、顧客の生活を向上させるような価値を提供し続け、「つながり続ける」ことのメリットを顧客に認めてもらう必要があります。デジタル技術によって、顧客のニーズを把握し、「つながることによる価値」を工夫しやすくなりました。

137

59 売り切りモデルの焦点

▶ 販売数を重視する姿勢

　このようなモデルの違いが、企業のマインドや行動を左右します。「売り切りモデル」と「サブスクリプション」とを順に説明します。

　「売り切りモデル」は、いわば「売ってなんぼの世界」です。顧客はモノの所有に価値を見出しているという前提で、商品を顧客に移転させておしまいと考えるのです。利益を出すためには、損益分岐点を超えるだけの数を売らなければなりません。おのずと販売数を気にするようになり、「製品を売り込む」という姿勢になりがちです。

▶ 伝統モデルのKPI

　「売り切りモデル」で利益を伸ばしていく方法は、大きく３つに分けられます。①販売数を増やす、②価格を上げる、③コストを下げる、というものです。それゆえ、販売数や売上高が鍵となる成果指標（KPI: Key Performance Indicators）となります。

　顧客をマスとして捉え、それに向かって広告を打つなど、販売に向けてすべての活動が最適化されます。しかし、モノやサービスが飽和する時代に、このようなあり方はあまり意味がありません。顧客が欲しいのはモノではなく、利用することで得られるよりよい生活体験になりました。

基本前提	所有
価値提案	モノに体現
収入	フロー
投資	状況適応的
焦点	● 製品 ● 販売の瞬間 ● 販売数と売上
KPI	① 販売数 ② 売上高 ③ コスト
マーケティング	マス広告
ピクト図解	自社 ⇄ 顧客 （○ / ¥） タイムラインなし

出所：各種資料をもとに井上達彦研究室作成

利益獲得のチャンスが1回であるため、毎回の販売で勝負しなければなりません。

60 鍵となる成果指標の変化

▶ 製品ではなくユーザー

対照的に「サブスクリプション」では販売数は問題になりません。いかに解約率を抑えて継続期間を伸ばすのか、そしてユーザー数を増やすのかが問題になります。このようなマインドセットによって、焦点は「製品」から「ユーザー」に移ります。

デジタル系のサブスクリプションでは、この傾向が顕著です。

▶ 新しいモデルのKPI

サブスクリプションに詳しいティエン・ツォさんは、デジタルネットワークでつながると「突然、顧客が見えるようになる」と言います。これによって「顧客のことを知ろう」というマインドが生まれます。おのずと一人ひとりの顔を見ながら対応しようという気持ちになっていくのです。そして、鍵となる成果指標を見直さなければならないことに気づくのです。

継続モデルでは、顧客は所有ではなく利用に価値を見出します。利益を伸ばすための方法は、①多くの顧客を獲得する、②顧客単価を高める、③顧客を長くつなぎとめる、という３つとなり、KPI（鍵となる成果指標）も、解約・離脱、顧客維持、顧客生涯価値などにシフトするのです。

基本前提	利用
価値提案	生活の向上
収入	ストック
投資	計画的
焦点	● ユーザー ● 販売の後 ● ユーザー数と離反率
KPI	① 解約・離脱・顧客維持 ② 顧客生涯価値
マーケティング	One to Oneの個別対応
ピクト図解	 タイムラインあり

出所：各種資料をもとに井上達彦研究室作成

販売後も、絶えず魅力的なサービスを提供することで解約を防ぎ、長い時間をかけて収益を伸ばしていきます。

61 意識と収益構造の変化

▶ 意識の変化

　サブスクリプションは安定成長をもたらす素晴らしい仕組みです。しかし、売り切り型の「シンプル物販モデル」から、サブスクリプションという「継続モデル」への転換は容易なことではありません。

　まず、顧客は商品そのものではなく、その利用体験がほしいということを理解しましょう。デジタルの世界では、これが顕著です。物理的な製品ではなく、スマホを触ったときの感覚や指先で操作するときのメディア体験が大切です。何十億という消費者の関心が所有から利用へと加速的に移行しているのです。

▶ 収益構造の変化

　次に、移行期間は収益が落ち込むという覚悟が必要です。伝統モデルでは、成約の瞬間に相応の売上が一括で得られます。しかし、サブスクリプションではそれが小分け化されて継続収入として置き換わってしまうのです。

　しかも、サブスクリプションへの移行にはコストがかかります。継続課金に転換し、顧客管理を徹底し、情報を集めてサービスを最適化するのに時間がかかるからです。一定の期間、収入は落ち込む一方でコストがかさむという状況を受け入れなければなりません。

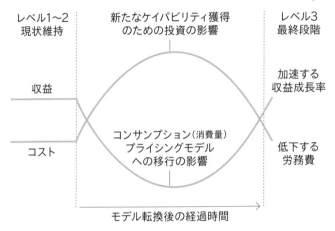

サブスクリプション移行期に現れる「フィッシュ」

レベル1～2
現状維持

新たなケイパビリティ獲得
のための投資の影響

レベル3
最終段階

収益

加速する
収益成長率

コンサンプション（消費量）
プライシングモデル
への移行の影響

コスト

低下する
労務費

モデル転換後の経過時間

出所：ティエン・ツォ、ゲイブ・ワイザード 桑野順一郎監訳・御立英史訳(2018)
『サブスクリプション』ダイヤモンド社、p.131

移行期に伴う財務的な難局は「フィッシュ」にたとえられます。
経営陣はこのフィッシュを呑み込まなければ、無事、サブスクリ
プションモデルに移行できません。

62 着実な成長

▶ 時計づくり

　サブスクリプションによって、経営が安定し、計画的な投資が可能になるということの意味合いは大きいと言えます。解約率さえマネジメントできれば、前年度のストックの上に事業計画が立てられるので、投資を計画的に行うことができます。これがサービス拡充をもたらし、利用者を増やして好循環を引き起こすことにつながるのです。

　経営者の役割は時計づくりにたとえられます。単発のヒット商品を生み出すのではなく、自分がこの世を去っても、ヒット商品を出し続けられるような仕組みづくりが大切だということです。

▶ Apple

　Appleのスティーブ・ジョブズさんが他界したとき、時計づくり＝仕組みづくりの役割が果たせたかどうかが話題になりました。間もなく10年が経とうとしていますが、結果を見れば一目瞭然です。彼はコンテンツプラットフォームをつくり、サブスクリプションを実現したのです。これによって一度契約してもらえれば解約されない限り、将来の収益が見込める基盤をつくりました。さらなるサービス拡充に向けた投資を計画的に行い、好循環を生み出せる仕組みづくりに成功したのです。

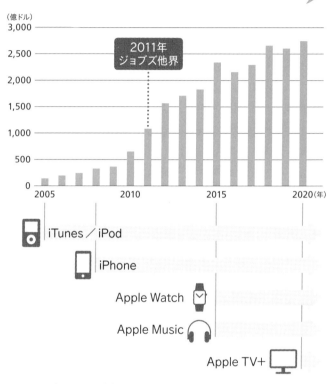

Appleの売上高推移

（億ドル）

- 2011年 ジョブズ他界

iTunes／iPod
iPhone
Apple Watch
Apple Music
Apple TV+

出所：Strainer「Apple Inc.の業績」（https://strainer.jp/companies/6895/performance）
をもとに筆者作成

ジョブズさんは生前、iPodやiPhoneをはじめとする仕組み（時計）づくりをしていました。死してなおApple MusicやApple TV+などのサブスクリプションサービスが生まれ続け、Appleの強力なコンテンツプラットフォームを実現しているのです。

63 スタディサプリ

▶ サプリメントのような学習教材

　スタディサプリは、有名講師による約4万本の授業がスマホやパソコンなどのデジタルデバイスを通じて、月額1980円から受けられる学習動画配信サービスです。

　有料会員は、単元ごとに小口化された動画を繰り返し見ることができます。また、動画に加えて、現役大学生がコーチとして伴走しながら、進捗やモチベーションを管理してくれるコースも提供しています。スタディサプリは、その名の通り、塾や参考書と併用し、自分に足りない部分を手軽に補完できる、まさに「サプリメント」のようなサービスなのです。

▶ BtoBtoCビジネスの展開

　スタディサプリは個人向けだけではなく、学校向けにもサービスを展開しています。生徒には、学年を超えた先取り学習や自分がつまずいた単元の補習ができるサービスを提供し、教師には、生徒一人ひとりの進路・学習情報が一元化・可視化できる管理ツールを提供しています。

　スタディサプリは、パッケージ化された従来の教育サービスでは満たすことができなかった補完的な学習を小口化によって実現し、利用者との継続的な「つながり」によって価値を生み出しているのです。

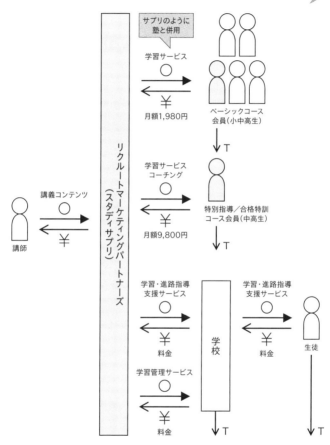

出所：板橋悟監修、深澤玲香（井上達彦研究室）作成

スタディサプリでは、サービス開始からラインナップを拡大させ、日常英会話の学習やTOEIC®対策のできる社会人向けのサービス「スタディサプリENGLISH」なども行っています。

売り切り型でもつながり構築

　売り切り型でありながら、顧客との関係構築に成功している企業の１つにナイキがあります。ナイキはオンラインショッピングを楽しめるアプリを配信しており、製品のレコメンドやトレーニングの提案など、会員データを分析し、個人に合わせたコンテンツを提供しています。

　また、アプリ会員になると、店舗で購入する際に専門家による接客を受けることができるなど、オンラインショッピングだけではないサービスの向上にも注力しています。自分に似合うスタイルを提案してもらったり、「もっと速く走るには」といったスポーツに関するアドバイスを受けたりと、自分のためだけの時間を過ごすことができます。

　このように、ナイキはアプリで得たデータを活用し、特別感のある購買体験で満足度を向上させているのです。デジタルと顧客データをうまく活用して、売り切り型でも顧客と継続的な関係を築くことができるというお手本です。

第 8 章

有料からフリーへ

64 フリーへの パラダイムシフト

▶ 有料からフリーへ

　4つめのパラダイムシフトは、「有料にして稼ぐ」から「フリーにして稼ぐ」という転換です。1つの典型は、基本版を無料で提供し、そのプレミアム版を有料にする製品・サービスで、フリーミアムと呼ばれます。Web会議アプリのZOOMもこれに該当します。

　「フリーにして稼ぐ」という現象に注目したのは、デジタル革命を啓蒙する『WIRED』の編集長であったクリス・アンダーソンさんです。彼は、料金を取らないことで大金が稼げるという現象に注目。これを「無料のパラドックス」と呼んでそのビジネスモデルを体系化しました。

▶ 無料経済の規模

　無料を生かしたビジネスモデルは、フリーミアムにとどまりません。「2枚買えばもう1枚はタダ」といった特売、あるいは民放のテレビ番組やラジオ放送など、スポンサーが番組制作費を負担してくれるようなモデルもあります。

　クリス・アンダーソンさんの概算によれば、特売モデルを差し引いた経済規模が「広告モデル」と「フリーミアム」だけでも米国で1,160億〜1,500億ドル、世界で3,000億ドル（2009年当時の推定）に達します。小国のGDPにも匹敵するということで話題になりました。

左：　クリス・アンダーソン　小林弘人監修・解説　高橋則明訳（2009）
　　　『フリー〈無料〉からお金を生み出す新戦略』NHK出版
右上：クリス・アンダーソン　篠森ゆりこ訳（2014）
　　　『ロングテール「売れない商品」を宝の山に変える新戦略 』早川書房
右下：クリス・アンダーソン　関美和訳（2012）
　　　『MAKERS 21世紀の産業革命が始まる』NHK出版

原著FREEのデジタル版はネットを介して無料で提供されました
が、それでも印刷版はベストセラーとして売上を伸ばしました。
アンダーソンさんの提唱するフリーミアムが有効であるという証
です。

65 Google

▶ フリーの旗手

　フリーを象徴するビジネスの1つにGoogleがあります。検索サービスは言うに及ばず、Gmail、スプレッドシート、ワープロ、プレゼンテーション、そしてグループウェアを無料で利用できます。

　Googleは、たくさんの利用者に使ってもらうことで閲覧数を増やし、広告収入を伸ばします。無料で提供することが回り回ってGoogleに富をもたらすようにできているのです。Webサイトを公開すれば、Googleに情報提供することになりますし、Googleで検索するとその情報はターゲット広告を打つのに役立てられます。

▶ 検索／内容連動型広告

　クリス・アンダーソンさんの言葉を借りれば、Googleは、「基本料金を無料にして、その周辺に世界規模の大きな経済をつくるというアイデア」を体現した、新しいパラダイムの旗手なのです。

　その収益の基盤は「広告モデル」です。Googleでは、広告主から出稿された広告を、ユーザーの検索結果や、閲覧されるサイトの内容に合わせて掲載しています。この仕組みを活用して、広告主から広告掲載費を得ることで、フリーでありながら収益を伸ばしているのです。

Googleのピクト図解

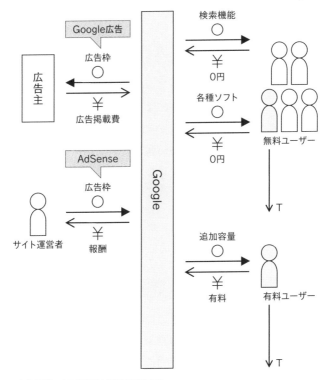

出所：板橋悟監修、山田絵里（井上達彦研究室）作成

Google広告：
　　広告主が、費用を支払い、広告を出稿すると、検索結果やサイトに
　　広告が掲載されるサービス

AdSense：
　　サイト運営者が、サイトに広告枠を配置すると、
　　そこに広告が配信され報酬を得ることができるサービス

66 フリーの原動力

▶ デジタル産業革命

　フリーへのパラダイムシフトの原動力は、デジタル産業革命です。産業革命というのは、生産要素の大幅なコスト低減によって実現するものです。たとえば蒸気機関の普及によって動力は、人や動物に頼っていた時代よりも遥かに安く利用できるようになりました。

　かつての動力革命は、現代のインターネット関連技術の著しい発達に置き換えることができます。①情報処理能力コストは２年で半分に低下し、②記憶容量や③通信帯域のコストはそれを上回るペースで下がっているのです。

▶ リアルの世界での広がり

　インターネット関連技術のコストが相乗効果的に下がることによって、動画配信の費用が１年後には半分になると言われています。生産や流通についての常識が変わり、デジタル情報に置き換えられるものは、必然的に無料になっていく傾向にあるのです。

　フリーへのシフトは、デジタル業界に留まるものではありません。消費者は無料に馴れてきますし、無料が引きつける力は絶大です。その結果、顧客を引きつけるために、コア製品を無料にして、その周辺で収益を上げようという工夫がさまざまな業界で進んでいます。

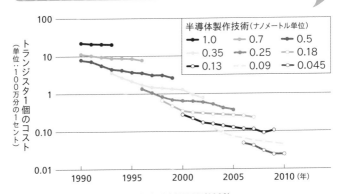

出所：クリス・アンダーソン　小林弘人監修・解説　高橋則明訳（2009）
『フリー〈無料〉からお金を生み出す新戦略』NHK出版、p.114

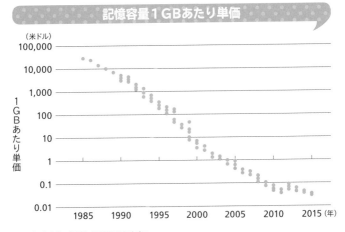

出所：総務省『平成27年版 情報通信白書』

起業家・イノベータは、インターネット関連技術のコストの低減
スピードを念頭に置いて、将来の青写真を描く必要があります。

67 フリーを ピクト図解で表す

▶ フリーで儲ける

　フリーの活用が増えるもう1つの理由は競争です。ライバル企業がフリーを活用し始めると、遅かれ早かれ、対抗措置をとらなければなりません。ビジネスモデル上の挑戦は、「フリーから収益を上げるという道筋を立てること」となります。

　昔から、あるものをタダで提供することで、別の需要を生み出し、そこで儲けるというような手法はありました。無料商品を有料商品でカバーしたり、現在の無料を将来の支払いで回収したり、あるいは無料の利用者と有料の利用者を組み合わせたりして帳尻を合わせるのです。

▶ 無料のモデル

　経済学では、ある財を提供するのにかかるコストを他の収益でカバーすることを「内部相互補助」と言います。クリス・アンダーソンさんは、これを念頭に4つのタイプのビジネスモデルに整理しました。

　それが、①「直接的内部相互補助」、②「三者間市場」、③「フリーミアム」、ならびに④「非貨幣市場」です。④は注目や評判といった非貨幣のもので対価が支払われるので少し性質が異なります。本書では、ビジネスモデルと関連が深い最初の3つについて説明していきます。

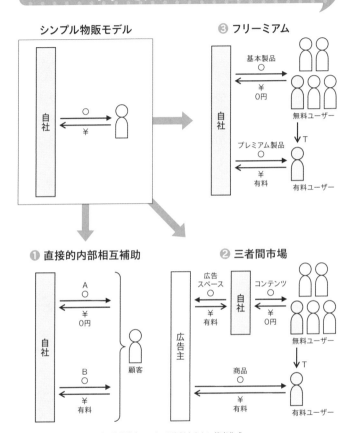

フリーモデルへの3つの選択肢

シンプル物販モデル

❸ フリーミアム

❶ 直接的内部相互補助

❷ 三者間市場

出所：板橋悟「ビジネスモデル構築講座」テキスト資料をもとに筆者作成

フリーのビジネスモデルの特質は、コストを分散させたり隠したりすることです。これによってサービスを利用者が直接負担しなくて済むような構造をつくります。

68 直接的内部相互補助

▶ フリーに宿る力

　フリーというのは消費者に対して特別な力を持つと言われます。それゆえ、この心理を活用して、消費者の関心を引きつけ、他のものの購買を促すという方法は昔からありました。これには「1つ買えばもう1つ無料」という特売も含まれますが、もっと周到に準備されているビジネスモデルも少なくありません。

　たとえば、通信サービスで機器を無料にして月々の通信費で回収するという方法や、プリンタなどの本体を安くして消耗品で儲けるという方法です。

▶ めぐりめぐって儲ける仕組み

　ピクト図解で示すと、特売は「合計モデル」、通信は「継続モデル」、そしてプリンタは「消耗品モデル」として示すことができます。いずれの場合も、ある製品を無料にすることで、それに付帯するサービスなどの需要を生み出しているのです。これが直接的内部相互補助です。

　これらに共通するビジネスモデルのキーワードは「間接性」です。製品そのものから「直接的」に儲けるのではなく、「めぐりめぐって」儲かるという仕組みづくりが行われています。フリーだからといって儲からないわけではないのです。

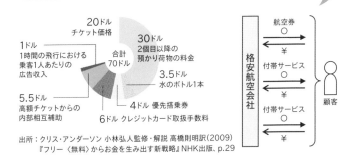

格安航空券のカラクリ

20ドル
チケット価格

30ドル
2個目以降の
預かり荷物の料金

合計
70ドル

1ドル
1時間の飛行における
乗客1人あたりの
広告収入

3.5ドル
水のボトル1本

5.5ドル
高額チケットからの
内部相互補助

4ドル 優先搭乗券

6ドル クレジットカード取扱手数料

航空券

格安航空会社

付帯サービス

付帯サービス

顧客

出所：クリス・アンダーソン 小林弘人監修・解説 高橋則明訳（2009）
『フリー〈無料〉からお金を生み出す新戦略』NHK出版、p.29

ライアンエアは1人あたり70ドルかかる路線のコストを上記の内訳で回収することにより、わずか20ドルでの航空券の販売を実現しています。航空券自体は無料に近くても、付帯サービスで費用を回収し、利益を出しているのです。

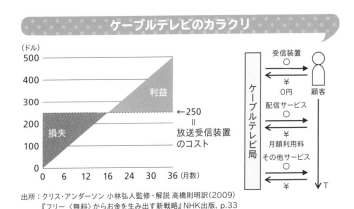

ケーブルテレビのカラクリ

（ドル）
500
400
300
200
100
0

利益

←250
＝
放送受信装置
のコスト

損失

0 6 12 16 20 24 30 36 （月数）

受信装置

ケーブルテレビ局

0円

配信サービス

月額利用料
その他サービス

顧客

T

出所：クリス・アンダーソン 小林弘人監修・解説 高橋則明訳（2009）
『フリー〈無料〉からお金を生み出す新戦略』NHK出版、p.33

視聴に必要なハードウェアを無料にしても、月額使用料やその他サービスの販売により費用を回収して利益を出すことができます。コムキャストは放送受信装置のコストを18ヶ月で回収しています。

69 三者間市場

▶ 民放のテレビ番組

　2つめのフリーのビジネスモデルは「三者間市場」です。その典型例は、民放のテレビ番組です。視聴者は無料で番組を視聴し、番組の制作と放映にかかる費用はスポンサー企業が負担します。スポンサーは、自社の製品を広告してもらえるので帳尻が合うわけです。

　クリス・アンダーソンさんは、これをより一般化して「二者が無料で交換をすることで市場を形成し、第三者が後から参加するためにその費用を負担する」と定義します。

▶ このモデルの汎用性

　このモデルはすべてのメディアの基本となるモデルで、ピクト図解に示すと「広告モデル」に該当します。歴史とともに儲け方のバリエーションも増えていき、今では広告モデルの数も数十にもなりました。

　特筆すべきはこのモデルの汎用性です。メディア以外にも、たとえばクレジットカードは決済手数料を消費者にではなく、店舗に負担してもらいます。また、コンピュータのOSにおいても、魅力的なアプリを開発してもらうために、ソフト会社に開発ツールを無料で提供するということは珍しくありません。必要なコストが分散され、お金の流れが見えにくくなるのが特徴です。

女性は無料で男性は有料というクラブ

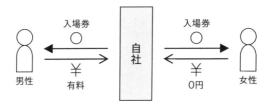

物件リストは無料で住宅ローンは有料という物件サイト

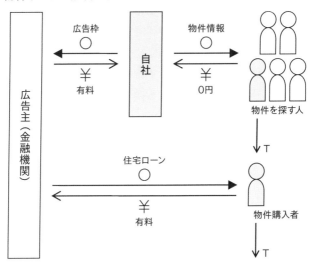

出所：板橋悟「ビジネスモデル構築講座」テキスト資料をもとに筆者作成

両方ともある顧客の無料を別の顧客が補っています。

70 フリーミアム

▶ プレミアムだけ有料

　3つめのモデルは「フリーミアム」です。これは、無料や自由を示すフリーと、割増価格や高級を示すプレミアムを組み合わせた造語です。インターネットのサービスではよく見られる課金方式で、基本機能を無料で提供し、その機能を拡張するのに課金して有料にします。

　そのメリットは、多くの利用者に無料で試してもらえることです。そして、その価値を認め、本当に必要としてくれる人だけが有料版に移行するので、ずっと使い続けてくれます。継続的に課金できるので事業が安定するのです。

▶ 試供品との違い

　無料で試すというと、昔ながらの試供品を思い浮かべる人も少なくないでしょう。しかし、化粧品や食品といった試供品は、生産や流通にコストがかかります。それゆえ、少量のお試しで大きな需要を生み出す必要があるのです。この点がフリーミアムとは対照的です。

　フリーミアムの場合、デジタル財を扱っているので、生産・流通・サービス提供に追加的コストはほとんどかかりません。それゆえ、無料と有料の比率を逆転させることができます。5%の有料ユーザーが残り95%の無料ユーザーを支えるということが可能になるのです。

フリーミアムのピクト図解

オンライン会議サービス

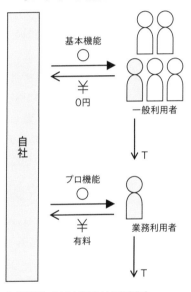

出所：板橋悟「ビジネスモデル構築講座」テキスト資料をもとに筆者作成

ZOOMに代表されるオンライン会議サービスもフリーミアムによって利用者を拡大し、業績を伸ばしています。基本プランは人数や時間に制限がありますが、使いやすさを確かめるのには十分です。仕事などで本格的に利用したい人は有料プランに移行します。

71 フリーミアムの種類

▶ 時間制限と機能制限

　フリーミアムには4つの種類があります。1つめは時間制限で「1ヶ月無料、以降有料」というものです。実施しやすく、値崩れが起きにくい反面、期間を過ぎると利用者にメリットがないので、本気で利用しない人が増えます。

　2つめは機能制限で、基本機能のみ無料、拡張機能を有料とするものです。価値を認めた上で有料を選ぶので適正な価格に敏感になりにくくなります。難しいのは無料版と有料版の機能差で、大きすぎると無料版の利用者が減り、小さすぎると有料版に移行してくれません。

▶ 人数制限と顧客タイプによる制限

　3つめは人数制限で「一定数の人は無料、それ以上は有料」というものです。実施しやすく、利用者にもわかりやすいというメリットがある反面、価格競争に巻き込まれやすいというデメリットがあると言われます。

　4つめは顧客タイプによる制限で「スタートアップ企業は無料、それ以外は有料」というようなもので、利用者の支払い能力に応じて課金する方法です。有望な利用者をいち早く顧客にできるというメリットがある反面、無料と有料の確認プロセスが煩雑で管理しにくいというデメリットがあります。

さまざまなフリーミアム

種類	具体例	内容
時間制限	**Hulu** 60,000本以上の さまざまなジャンルの 動画コンテンツが定額で 見放題の動画配信サービス	2週間無料 ● 独占公開などで顧客の関心を惹きつけられる ● 生放送でドラマやライブが配信される「リアルタイム配信」といった、通常の動画配信サービスにはない機能がある
機能制限	**パズル&ドラゴンズ** パズルゲームで敵と戦い、 ダンジョンを攻略する スマホ向けオンラインゲーム	基本プレイは無料 ● スマホさえあれば誰でも無料で利用できる ● 追加アイテムを購入すると強いキャラクターなどが手に入りやすくなる
人数制限	**たくのむ** PCやスマホでいつでも オンライン飲み会ができる サービス	7人までは同時利用無料 ● アカウント登録不要で利用できるため、ユーザーの制限はない ● ソフトやアプリが必要ないため、利用障壁が低く、参加しやすい
顧客タイプ による制限	**雪マジ!** 登録することで 全国のゲレンデに予約ができる	19歳はリフト券無料 ● 各ゲレンデの情報がまとめられており、自分の目的や熟達度に合わせて利用しやすい ● 無料リフト券の提供で、19歳以降も継続した利用を見込める

出所：クリス・アンダーソン 小林弘人監修・解説 高橋則明訳（2009）
『フリー〈無料〉からお金を生み出す新戦略』NHK出版をもとに
奥原潤碧（井上達彦研究室）作成

72 フリーミアムの事例 （LINE）

▶ 身近なフリーモデル

　日本で身近なフリーを生かしたビジネスとして、SNS 無料通話アプリのLINEがあります。LINEは、無料でメッセージのやりとりや通話ができるサービスで、アジアを中心に現在2億人以上に利用されています。ユーザーは、LINEアプリをダウロードすれば、通話やメッセンジャーなどの基本サービスを無料で利用できますが、有料アイテムを購入すれば、もっと楽しくコミュニケーションをとることができます。なかでも、メッセージにつける「スタンプ」や画面の雰囲気を一変させる「着せかえ」などは人気アイテムです。LINEは、「拡張機能の販売」によって、成功を収めているのです。

▶ 公式アカウント

　さらに、LINEは、ニュース配信をはじめとした、さまざまなサービスをアプリ上で顧客に提供しています。このようなサービス上の広告掲載枠を企業に提供することで、「三者間市場」を形成し、広告収入を得ることができます。サービスがフリーであっても「拡張機能の販売」や「三者間市場の形成」によってLINEは収益を伸ばすことができるのです。

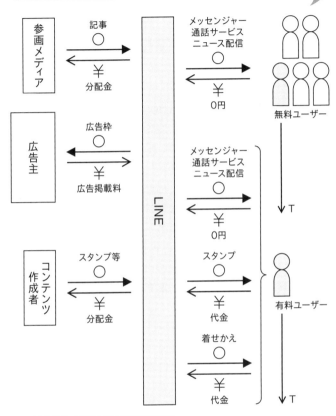

LINEのピクト図解

参画メディア — 記事 ○ → LINE
LINE → ¥ 分配金 → 参画メディア

LINE — メッセンジャー 通話サービス ニュース配信 ○ → 無料ユーザー
無料ユーザー → ¥ 0円 → LINE

広告主 — 広告枠 ○ → LINE
LINE → ¥ 広告掲載料 → 広告主

LINE — メッセンジャー 通話サービス ニュース配信 ○ →
→ ¥ 0円 → LINE

コンテンツ作成者 — スタンプ等 ○ → LINE
LINE → ¥ 分配金 → コンテンツ作成者

LINE — スタンプ ○ → 有料ユーザー
→ ¥ 代金 → LINE

LINE — 着せかえ ○ →
→ ¥ 代金 → LINE

無料ユーザー → T
有料ユーザー → T

出所：板橋悟監修、坂井貴之(井上達彦研究室)作成

LINEは、基本機能のメッセンジャー・通話サービスの他にも
「LINE NEWS」や、「LINE TODAY」といったニュース配信をお
こなっています。このサービスでは、参画メディアが媒体独自の
視点で編成・編集したニュース・情報をダイジェスト形式で配信
することができます。

100年前のフリーモデル

　フリーモデルの原型は100年以上も前に誕生した食用ゼリーに始まります。1895年にパール・ウェイトさんによって開発されたゼリーの素「ジェロ（Jell-O)」は、今でこそ馴染みがありますが、当時はあまりに風変わりということで、さっぱり売れませんでした。サラダに入れればよいのか、デザートとして食べれば美味しいのかがわからなかったのです。

　途方にくれたウェイトさんは、1899年にたった450ドルでゼリーのビジネスをフランク・ウッドワードさんに売却してしまいます。彼は、婦人雑誌に「全米で最も人気のあるデザート」と誇大広告を載せ、ジェロの食べ方を紹介したレシピを、無料で各家庭に配ることにしました。補完財を消費者に「無料」で提供したのです。こうしてジェロは新しいデザートとしてアメリカ全土に普及し、ヒット商品となりました。

　このように、「無料」を武器にしたビジネスが現れたことで、フリーへの関心が高まっていきました。「無料」は消費者の心理を変えるだけでなく、市場を一変させる力を持っているのです。

第 9 章

所有からシェアへ

73 シェアへの パラダイムシフト

▶ 所有からシェアへ

　最後に紹介するパラダイムシフトは、所有からシェアへの転換についてです。その典型は、個人または企業が保有しているモノを、第三者に貸し出すサービスで、シェアリングエコノミーと呼ばれます。

　「所有からシェアへの転換」という現象に注目したのは、世界経済フォーラムにてヤング・グローバル・リーダーに選出されたレイチェル・ボッツマンさんです。彼女は、シェアという概念に一早く注目し、大勢の人とシェアすることが当たり前の世の中になることを予見しました。また、彼女は目に見える製品・サービスにとどまらず、時間・お金・空間・技術といった、目に見えにくい資産もシェアされるモノの対象となると唱えました。

▶ 注目を集めるシェア

　右の表はアメリカのベンチャー投資に関する情報を扱う機関であるNVCA(National Venture Capital Association)が2019年に公表した、ベンチャー企業への投資額ランキングのトップ10です。ディール１件あたりの投資額でシェアリング企業のLyft、Uber、WeWorkの３社がランクインしています。いずれも10億ドル以上の巨額の資金を集め、世間の注目を浴びています。

ディール1件あたりの投資額ランキング

順位	企業名	事業内容	1件あたりの調達金額（100万ドル）	調達時期（2018年）
1	Juul	電子タバコ	12,800.00	12月10日
2	Faraday Future	電気自動車	2,000.00	6月25日
3	Lyft	ライドシェア	1,700.00	3月14日
4	Epic Games	ゲーム	1,250.00	10月26日
5	Uber	ライドシェア	1,250.00	1月18日
6	Juul	電子タバコ	1,235.00	7月10日
7	WeWork	シェアオフィス	1,000.00	8月9日
8	Magic Leap	VR	963.00	3月7日
9	Instacart	買い物代行	871.00	10月1日
10	Katerra	建築技術	865.00	1月24日

出所：海部美知「2018年米国ベンチャー投資総括」『KDDI総合研究所R&A』2019年4月号、p.11

74 Airbnb

▶ 宿泊施設のシェアサービス

　AirbnbもVCから巨額の融資を受けているシェアリング企業です。同社は宿泊施設を貸し出すホストとそれを借りるゲストをつなぐマッチング形式のサービスです。ホストはAirbnbを利用することで、使われていないスペースを有効的に活用でき、手軽な収入機会を得られます。

　Airbnbは幅広い宿泊施設を取り扱っているため、ゲストは利用目的に合った宿泊先を見つけられます。そして、Airbnbは自社で宿泊施設を抱える必要がないので、大規模な設備投資なしにゲストにスペースを提供できるのです。

▶ 4つの原則

　ボッツマンさんはシェアが成功するための4原則を示しました。それは「余剰キャパシティの活用」「他者との信頼」「クリティカルマスの存在」「共有資源の尊重」です。

　クリティカルマスとは、サービスが爆発的に伸びるために必要な普及率です。共有資源の尊重とは、公共財をないがしろにするという価値観とは対極をいく価値観のことで、これによってシェアリングに対するニーズも高まると考えられます。Airbnbもこれらの原則に従い、大きな成果を収めています。

Airbnbの4つの原則

余剰キャパシティの活用	ホストは、本来なら使われなかったはずの自分の所有するスペースを活用できる。
他者との信頼	ホストとゲストの面識はなく赤の他人同士だが、相互レビュー制度の導入により、見知らぬ誰かを「信頼」することができる。
クリティカルマスの存在	ホストは世界中に400万人以上、通算ゲスト数は8億人以上で、ホスト側とゲスト側で十分な利用者がいる。
共有資源の尊重	ホストは宿泊先を提供することで、ゲストにユニークな体験ができるという価値を提供する。 ゲストは宿泊することで、ホストに手頃な収入機会が得られるという価値を提供する。

出所：レイチェル・ボッツマン、ルー・ロジャース 小林弘人監修・解説 関美和訳（2010）
『シェア〈共有〉からビジネスを生みだす新戦略』NHK出版をもとに筆者作成

ゲストが多いとホストは宿泊してくれる人を見つけやすくなり、ホストが多いとゲストは宿泊先の選択肢が多様になります。つまり、Airbnbの利用者が増えれば増えるほどネットワーク効果が働き、利用者にもたらされる価値は相対的に高まっていきます。

75 所有から利用へ

▶ 所有の文化

私たちには社会的欲求を満たしたいという考え方が根底にあります。これまでは、ブランド品やハイテク製品を所有することで周囲から認められ、この欲求を満たす傾向にありました。

さらに、クレジットカードの普及により購入に対する抵抗が弱まったことや、次々と販売される新製品に惹かれて買い足してしまうことなどが所有を促しました。右のページに「所有の傾向」に関する質問をリストしましたので、いくつ当てはまるのか試してみてください。

▶ 利用とシェアの文化

しかし近年、モノを所有すること自体ではなく、モノの利用によってニーズを満たせれば十分だという消費者意識が生まれ、利用とシェアの文化が広がりました。この文化では「音楽が聴ければCD自体は必要ない」「映画が観られればDVD自体は必要ない」と考えます。

また、デジタル化の進展に伴い、個人間での取引が行われるようになりました。個人間での取引では、自分が提供するモノが誰かに必要とされ、より高い次元の欲求である承認欲求を満たすことができます。そのため、利用とシェアの文化が一層広がっていったのです。

所有の傾向に関する質問

質問	Yes／No
説得の力 新しいモノを買ったときに、新しいモノの雰囲気に 合わせて、他のモノを買い足してしまう。	
後払い文化 クレジットカードを使って買い物をすると、 現金のときと比べて、買いすぎてしまう。	
商品寿命 新製品が発売されると、今持っているモノを 古臭く感じて、まだ使えるのに買い替えてしまう。	
あとひとつ的心理 商品が多すぎてどれを買ったらよいかわからず、 とりあえずもう1個お試しで買ってみる。	

出所：レイチェル・ボッツマン、ルー・ロジャース 小林弘人監修・解説 関美和訳（2010）
『シェア〈共有〉からビジネスを生みだす新戦略』NHK出版をもとに
足立由依（井上達彦研究室）作成

おそらくこの4つの質問のうち、いくつか当てはまるものもあっ
たのではないでしょうか？　その数が多いほど「所有の文化」に
染まっていると考えられます。

76 シフトを起こした原動力

▶ 信頼性

　シフトを引き起こした原動力は2つあり、どちらもデジタル技術の進歩によってもたらされました。1つめは、信頼性です。個人間での取引は、たとえ面識がなくても相手を信頼しなければ成り立ちません。これが、デジタル技術によって解消されました。

　たとえば、取引をした相手を相互に評価し、それを第三者にも公開する「相互レビュー制度」を導入することで、その評価を参考に面識のない相手を信頼しやすくなります。また、免許証やパスポートなどの情報をサービス登録時に利用することで、外部機関による評価も活用できます。

▶ 効率性

　2つめは、効率性です。デジタル技術の進歩によってモノのインターネット化／IoT化が進み、あらゆるモノを情報として表すことが可能になりました。さらに、スマートフォンの普及と無線ブロードバンド環境の整備により、誰でも情報にアクセスできるインフラが整いました。

　これにより、モノを情報として表し、それを大勢の人とリアルタイムでシェアすることが可能になり、取引が成立しやすくなったのです。デジタル技術の進歩によって情報の伝達にかかるコストが下がり、効率性が向上しました。

スマートフォンの普及率

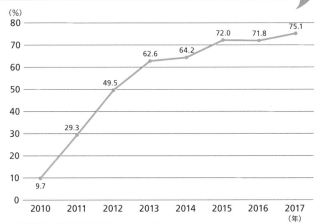

出所:総務省『平成30年版 情報通信白書』より一部抜粋

ブロードバンド契約数の推移

出所:総務省『ICTインフラの進展が国民のライフスタイルや社会環境等に及ぼした影響と
　　　相互関係に関する調査研究報告書』

77 シェアが何を もたらすのか

▶ 企業のメリット

　シェアが台頭したことにより、企業に限らず、個人も製品・サービスを提供できるようになりました。これにより、企業は個人の資産を自社のサービスとして活用できるため、在庫を抱え込まずに済みます。

　さらに、自社で製品を開発する必要性も下がるため、大規模な設備投資を避けることができます。また、シェアの企業は、今ある資源を有効に利用するビジネスを展開することで、環境にやさしい経営を実現するのです。

▶ 顧客のメリット

　シェアリングに参加してサービスを提供する顧客のメリットは、遊休資産を活用して手軽な収入機会が得られることです。それに加え、自分の提供するモノが利用者に必要とされることで承認欲求も満たされます。一方、サービスを利用する顧客のメリットは、お金や空間、時間を節約できることです。その上、商品の選択肢が増えて新たな消費体験ができます。

　サービスを提供する顧客と利用する顧客の共通のメリットは、取引した相手と「つながり」が感じられることです。さらに、繰り返しモノを利用することで、廃棄や過剰生産を防ぎ、持続可能な社会に貢献できるのです。

シェアリングエコノミーがもたらす価値

企業	● 無駄な在庫を抱え込まずに済む
	● 大規模な設備投資の必要性が下がる
	● 今ある資源を有効的に利用するビジネスを展開することで、環境に貢献できる
顧客	**サービスを提供する顧客**
	● 遊休資産を活用して手軽な収入機会が得られる
	● 自分の提供するモノがサービスを利用する他の顧客に必要とされることで、承認欲求が満たされる
	サービスを利用する顧客
	● 新たな消費体験ができる
	● お金、空間、時間を節約できる
	サービスを提供・利用する顧客
	● 取引をした相手とつながりが感じられる
	● 繰り返しモノを利用することで、廃棄や過剰生産を防ぎ、持続可能な社会に貢献できる

出所：レイチェル・ボッツマン、ルー・ロジャース 小林弘人監修・解説 関美和訳（2010）
　　　『シェア〈共有〉からビジネスを生みだす新戦略』NHK出版をもとに筆者作成

企業と顧客の両者は、お互いにシェアのメリットを享受しながら、自然と環境にも貢献できるのです。

78 シェアを ピクト図解で表す

▶ ピクト図解で見るシェア

所有中心の時代では、顧客はモノの所有に価値を見出すという前提で、顧客に商品を購入させていました。ここではピクト図解でいう「シンプル物販モデル」による売り切りが中心となります。

しかし、シェアの台頭により、企業が提供する製品・サービスは1回きりの消費で完結しなくなります。繰り返しの利用を促す「継続モデル」が現れたのです。

さらに、企業に代わって一般消費者も製品・サービスを提供することができるようになりました。こうして、製品・サービスの提供者と利用者を引き合わせる「マッチングモデル」が出現したのです。

▶ 3つのモデル

レイチェル・ボッツマンさんは、扱われる製品・サービスがどのようなものかに加え、どのように利用されるかにも注目し、シェアリングエコノミーのビジネスを3つのモデルに整理しました。

それが、①「PSS」、②「再分配市場」、③「協働型ライフスタイル」です。ここからは、この3つのモデルについて順に説明していきます。

シンプル物販モデル

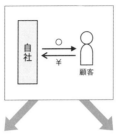

❶ PSS

❶ PSS
❷ 再分配市場
❸ 協働型ライフスタイル

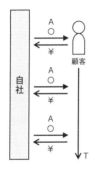

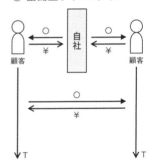

出所：板橋悟監修、足立由依(井上達彦研究室)作成

所有の時代では「シンプル物販モデル」が中心でしたが、シェアの台頭により、PSSでは「継続モデル」と「マッチングモデル」、再分配市場と協働型ライフスタイルでは「マッチングモデル」へとビジネスモデルがシフトしました。

PSS

▶ 利用した分だけお金を払う

PSS（Product-Service Systems）というのは、所有より利用の考え方で、企業が所有するさまざまな製品や、個人が所有するモノに対し、顧客が使った分だけお金を払うというものです。使った分だけというのは、製品を使用した一定の時間から月単位までさまざまです。

たとえば、自動車のような高価なモノを手軽に利用できるサービスの、タイムズカーシェアとUberがその代表です。ピクト図解で示すと、前者は「継続モデル」、後者は「マッチングモデル」として示すことができます。

▶ このモデルの利便性

所有することの悩みに、購入代金が高い、管理が面倒だ、維持費がかかるというものがありました。しかしPSSでは利用した分だけ支払えばよいので、これらの悩みがすべて解消されます。モノを所有するよりも安く利用できるようになるのです。

PSSは人々の考え方を根本から変えました。業界にパラダイムシフトを引き起こし、タイムズカーシェアやUberのように、所有が前提であった伝統的な秩序を破壊しつつあるのです。

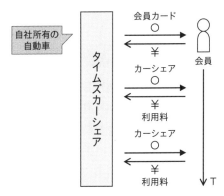

出所：板橋悟「ビジネスモデル構築講座」テキスト資料をもとに筆者作成

自動車を頻繁に利用しない人にとっては、所有するよりも利用した時間に応じて料金を支払う方がメリットを感じます。

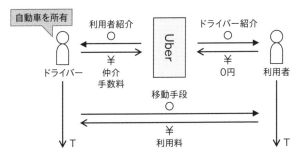

出所：板橋悟「ビジネスモデル構築講座」テキスト資料をもとに筆者作成

所有車を活用して手軽に稼ぎたいドライバーの存在によって、自分で車を所有せずとも即座に安価な移動が実現しているのです。

80 再分配市場

▶ 必要とする人に配り直す

　再分配市場というのは、中古品や私物を必要とする人に
ソーシャルネットワークを通して、配り直すというもので
す。たとえばメルカリは、不要になった私物を提供したい
利用者と、それが欲しい利用者とをマッチングさせるサー
ビスを提供しています（ピクト図解における「マッチング
モデル」）。

▶ このモデルの潜在能力

　売り手は、本来なら廃棄してしまうような私物を活用し
て手軽な収入を得ます。一方、買い手は欲しいモノを満足
のいく価格で購入します。SNSによって個々人が結びつ
くことで、双方がハッピーになれるような取引が実現した
のです。

　円滑な個人間取引によって、今あるモノを最大限に活用
できるようになり、本来なら廃棄されるはずであったモノ
に再び命が吹き込まれます。つまり、再分配市場は、中古
品や私物に対し再販とリユースを勧めることで、環境への
負荷を減らし、持続可能な社会に貢献できるのです。そし
て、1つのモノを不要に感じたら次の人に分配する習慣を
生み出し、中古品を購入するという選択肢を利用者に与え
たのです。

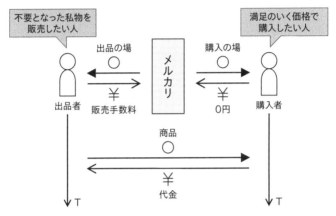

メルカリのピクト図解

不要となった私物を
販売したい人

満足のいく価格で
購入したい人

出品の場
○

購入の場
○

メルカリ

¥
販売手数料

¥
0円

出品者

購入者

商品
○

¥
代金

T

T

出所：板橋悟「ビジネスモデル構築講座」テキスト資料をもとに筆者作成

メルカリは、出品者に対して自由な価格設定を可能にした出品の
場を提供し、購入者に対しては、チャット機能による価格交渉が
可能な購入の場を提供しました。

81 協働型ライフスタイル

▶ 目に見えにくい資産を共有する

協働型ライフスタイルというのは、時間・お金・空間・技術といった目に見えにくい資産を利用者とシェアするものです。他のモデルのような目に見える資産を取引するビジネスでは、形式的なコミュニケーションだけでも十分です。それに対して、協働型ライフスタイルでは、取引をする過程でのコミュニケーションによって、人と人とのつながりが生まれるという特徴を持ちます。

本章の初めで説明したAirbnbはこれに該当します。日本ではスペースマーケットが、空間のシェアサービスによって協働型ライフスタイルを実現しています。ピクト図解で示すと、「マッチングモデル」として表せます。

▶ 人と人とのつながり

Airbnbは、サービス開始当初、ホストの住んでいる家の一室をゲストに貸し出し、一緒に食事を取り、生活を共にしました。スペースマーケットも古民家や寺社などの空間を提供することで生活様式を体感してもらえるようにしています。

つまり、協働型ライフスタイルとは、シェアをすることによって、取引相手とライフスタイルまでもシェアすることができるモデルなのです。

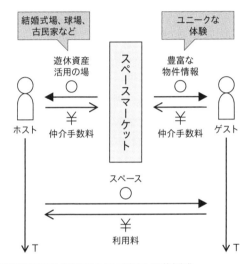

スペースマーケットのピクト図解

結婚式場、球場、
古民家など

ユニークな
体験

スペース
マーケット

遊休資産
活用の場
○

豊富な
物件情報

¥
仲介手数料

¥
仲介手数料

ホスト

ゲスト

スペース
○

¥
利用料

T

T

出所：板橋悟「ビジネスモデル構築講座」テキスト資料をもとに筆者作成

スペースマーケットのホストは、使っていない物件をはじめとして、休日の会議室、平日の結婚式場や試合がない日の球場など、ユニークなレンタルスペースも提供できます。そのため、スペースマーケットのゲストは日常とは異なるユニークな体験が味わえるのです。

82 ラクスル

▶ 非稼働時間を稼働時間に

　シェアは意外な業界にも広がっています。たとえばラクスル株式会社は、印刷業で小売型のPSSを立ち上げる一方で、運送業ではマッチング型のPSSを展開しました。

　日本の印刷業界の問題は供給過多です。中小の印刷会社が約1万社も存在して、印刷機の実稼働率が低いのです。そこで同社は「印刷通販」という業態を確立し、自社サイト上で顧客から受注し、それを中小の印刷会社に生産委託しました。印刷会社は印刷機が稼働していない「空きライン」をシェアして活用できる一方で、顧客は小さい単位からでも注文できるようになります。

▶ 運送業ハコベルにも応用

　ラクスルは印刷事業で培ったシェアの考え方を同じ多重下請け構造で営まれている運送業に応用し「ハコベル」を開始しました。空き時間のあるドライバーと荷物を送りたい利用者とを迅速にマッチングさせる仕組みです。中間マージンを取り除くことで価格を下げることもできました。

　同じシェアモデルですが、ピクト図解で表すと「ラクスル」は小売モデルなのに対し、「ハコベル」はマッチングモデルであることがわかります。

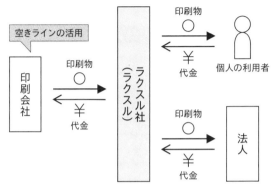

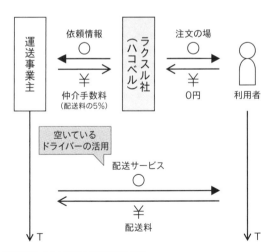

出所：板橋悟監修、足立由依（井上達彦研究室）作成

出所：板橋悟監修、足立由依（井上達彦研究室）作成

スキルのシェア

　形のある資産に限らず、スキルのような形のない資産でもシェアすることができます。スキルのシェアとは、個人のスキルを生かし、そのスキルを必要とする人にサービスを提供することです。

　スキルシェアのサービスをしている代表的な企業に「ココナラ」があります。ココナラには、出品・シェアされているスキルが200種類以上あり、利用者はそこから必要なスキルを購入できます。さらに、リストされていないスキルについても募集できるので、ほとんどの困りごとが解決できるのです。

　一方、出品者はスキルを出品することで、手軽な収入機会を得られるだけでなく、自己アピールの場としてサービスを活用できます。さらに、自分の得意なことを生かして、誰かの困りごとを解決することにより、「自己実現欲求」を満たせます。

　このように、スキルのシェアは単なるスキルの出品・購入という次元ではなく、人間が抱えている元来の欲求を満たすことができるサービスなのです。

第 10 章

加速するパラダイムシフト
これまでの常識が
通用しない時代へ

83 パラダイムシフトを振り返る

▶ セルフチェックとの照合

　ここまでの説明で、ビジネスモデルの６つのパラダイムシフトについてご理解いただけたと思います。なぜシフトが起こるか、それによって何が変わるのか、具体的にイメージできるようになったのではないでしょうか。

　パラダイムシフトについては、ご自身の会社の事業に直接関係するものとそうでないものがあるかもしれません。どのシフトが重要かは業種や置かれた環境によって異なります。冒頭のセルフチェックは、これら６つのシフトに対応したものです。その結果、重要性が高いことが判明したにもかかわらず、対応できていない場合は要注意です。

▶ すべての業界で生じるシフト

　重要なシフトがわかれば目指すべき青写真が定まります。青写真が定まればどのようにそれを実現するかを考えやすくなります。しかし、その中で「伝統手法からリーンスタートアップへ」は、他の５つのシフトとは区別して考えるべきです。なぜなら、これはつくり方のシフトであり、どの業界にも当てはまるからです。伝統的な手法にとらわれず、３つのアプローチ（戦略分析、顧客洞察、パターン適合）をうまく使い分けて「分析・発想・試作・検証」のサイクルを回しましょう。

1. 伝統手法からリーンスタートアップへ
2. 自前主義からオープンイノベーションへ
3. 価値連鎖からプラットフォームへ
4. 売り切りからサブスクリプションへ
5. 有料からフリーへ
6. 所有からシェアへ

パラダイムシフトを感じているにもかかわらず、
勤務している会社がもし
旧態依然としたビジネスモデルに甘んじている
とすれば危機的な状況。

旧態依然としたビジネスモデルに
甘んじている会社ほど、
新事業のつくり方も遅れているので要注意。

3つのアプローチ
(戦略分析、顧客洞察、パターン適合) を
うまく使い分けて
「分析・発想・試作・検証」のサイクルを回す。

84 複数のパラダイムシフトに共通するもの

▶ MECEではない

　本書で紹介したパラダイムシフトは「漏れなくダブりなく」整理・分類したものではありません。つくり方を除いた５つにしても、「相互に排他的で完全な全体集合」ではないのです（これをMECEではないという）。

　それゆえ、あるパラダイムシフトを代表する事例が、別のシフトの典型例としても紹介されるのです。実際、Airbnbのように空間をシェアするモデルは、プラットフォームとなることがほとんどです。また、Netflixのようにフリーミアムになるということはサブスクリプションになることを意味します。

▶ 見極めるべき重大なトレンド

　パラダイムシフトがMECEでないということは何を意味するのでしょうか。それは、複数のシフトが相互に関連しているということです。とくに、つくり方を除く５つのシフトに共通するトレンドには要注意です。

　たとえば、オープンイノベーションとプラットフォーム、ならびにシェアに共通するのは外部資源の有効活用です。一方、フリーミアムとサブスクリプションに共通するのは継続性だと言えるのです。見る角度によって言葉は違いますがシフトには共通のトレンドがあります。

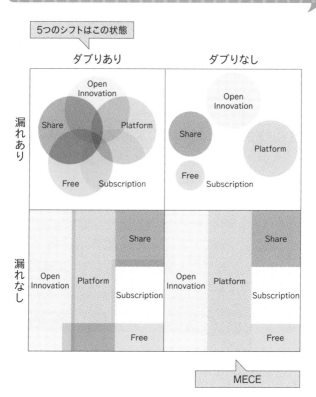

MECEでないパラダイムシフト

5つのシフトはこの状態

作成：井上達彦研究室

本書で紹介したパラダイムシフトは、全てを包括した全体集合ではありません。また、6つの中で重複する部分もあります。漏れもダブりもあるので、左上に位置します。

85 成長が期待される ビジネスモデル

▶ ビジネスモデルの拡張可能性

　共通するトレンドに対応できれば大きな成長が見込めます。アメリカのGAFA、中国のアリババ、テンセントはもちろん、この10年間で急成長したAirbnbやUberなどは、パラダイムシフトを追い風に、業績を伸ばしてきました。デジタル技術をうまく活用し、仕組みそのものに成長を可能にする循環を組み込んだのです。

　このような循環は「ビジネスモデルの拡張可能性」を感じさせます。アマゾン・ドットコムを創業したジェフ・ベゾスさんも自らのビジネスモデルを紙ナプキンに描き、投資家を惹きつけました。

▶ 企業価値との関係

　それでは「ビジネスモデルの拡張可能性」とは一体何なのか。日本ではどのような企業に備わっているのか。われわれは、東証マザーズやジャスダック市場において、どのようなビジネスモデルが株主の期待を高めるのか。そのパターンをピクト図解によって分類して測定し、企業価値との関係を探ってみたのです。

　その結果、デジタル技術の特性を生かしつつ、常識にとらわれずに業界の垣根を越えることの大切さが浮き彫りになりました。調査方法について少し説明しておきます。

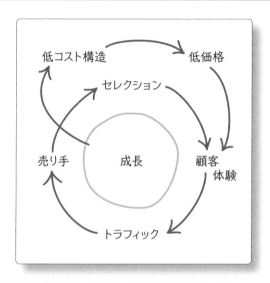

出所：井上達彦(2019)『ゼロからつくるビジネスモデル』東洋経済新報社、p.52

顧客体験が高まれば利用者（トラフィック）が集まり、それが売り手の呼び水となります。次に、品揃えが充実すれば、そこからセレクションできるので、顧客体験はさらに高まります。こうして人気サイトとなれば、ビジネスの規模は拡大していき、コストは下がります。これが低価格をもたらして、顧客体験はさらに高まるのです。

86 事業系統図から読み解く

▶ ピクト図解でパターンを識別

　日本の有価証券報告書には、事業系統図が掲載されています。これを見れば当該企業が、どのようなビジネスモデルを採用しているのかを読み解いてパターン分けできます。たとえばメルカリの場合（80参照）、事業系統図とピクト図解を照合させればマッチングプラットフォームであり、手数料から収益をあげていることがわかります。それゆえ「マッチングモデル」というパターンに分類できるのです。

▶ 投資家が関心を示すもの

　複雑に見える事業系統図でも、うまくピクト図解に書き換えればその構造がわかります。私たちは、事業系統図から、当該ビジネスがいくつの収益モデルの組み合わせから成り立っているのかを読み取りました。情報通信系の企業に絞り、組み合わせの数と企業価値との関係性を調べることにしたのです。

　どのようなビジネスモデルが投資家たちの関心を集め、企業価値を高めるのでしょうか。分析を深めていくと、「なるほど！」と思える傾向が見えてきました。ビジネスモデルの「組み合わせ」と「展開のあり方」の2つを掛け合わせることで、企業価値を高めるビジネスモデルの姿が明らかになってきたのです。

事業系統図からピクト図解のパターンを読み解く

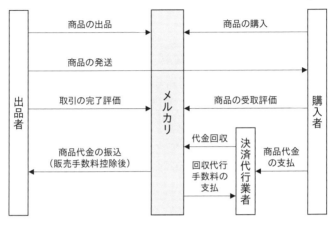

出所:株式会社メルカリ(2020)『第8期 有価証券報告書』をもとに筆者作成

メルカリはマッチングモデル

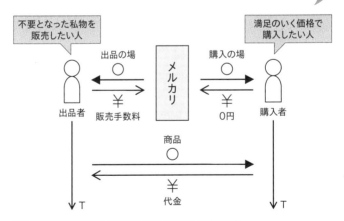

出所:板橋悟「ビジネスモデル構築講座」テキスト資料をもとに筆者作成

87 2つの掛け合わせによる4類型

▶ 多角化型と横展開型

　「組み合わせ」と「展開のあり方」を掛け合わせると、ビジネスモデルは4つのタイプ（類型）に整理できます。

a.「多角化型」（多セグメント／多パターン）というのは、たくさんの業種セグメントでさまざまな収益モデルを展開するタイプの企業です。安定性は高まりますが、経営資源を分散させることになります。

b.「横展開型」（多セグメント／少パターン）も、たくさんの業種セグメントで事業活動をしていますが、得意な「収益モデル」は確立済みです。勝ちパターンを使い回すという意味において、成長が見込まれます。

▶ 融業型と特化型

c.「融業型」（少セグメント／多パターン）は、少数の業種セグメントに対して多くの収益モデルを構築している企業です。自社が活躍できる事業領域がすでに定まっていて、太い幹を育てて豊かな枝葉を茂らせます。

d.「特化型」（少セグメント／少パターン）は成長にばらつきがありそうです。プラットフォームなどで大成功を収めた企業は、経営資源をそこに集中して、急成長を果たすことができます。

　分析の結果bとcへの期待が高いことがわかりました。

ビジネスモデル4つのタイプ

		パターンの組み合わせの数	
		多い	少ない
展開する市場の数	多い	a. 多角化型	b. 横展開型 高い企業価値
	少ない	c. 融業型 高い企業価値	d. 特化型

作成：井上達彦研究室
井上達彦研究室ではビジネスモデルのデータベースを構築しています。
この調査は、近藤祐大、山田拓史、根本瑞希、齋藤健介などの協力のもと実施されました。

有価証券報告書では事業セグメントによって顧客に提供する製品やサービスが分類されています。このセグメント数を展開する市場数としてカウントしました。

88 「横展開型」の ビジネスモデル

▶ 将棋のAIで人間を超える

　企業価値が高いビジネスモデルの１つは「横展開型」です。これは、たくさんの業種に得意とする勝ちパターンを展開するもので、その典型は、将棋対戦アプリの「将棋ウォーズ」を運営するHEROZ株式会社です。このアプリは、共同代表の１人の林隆弘さんが「AI技術を好きな将棋に生かす」という発想で2012年に開発されました。

▶ AIを横展開して課金

　課金方法は２つあります。１つは、毎月何度でも対局できる「対局数制限解除」課金（500円〜）です。この月額課金モデルによって、安定的な収益を得ることができます。もう１つは、アイテム課金です。棋神という名のAIが、ユーザーの代わりに次の一手を５手まで指してくれるサービスです。これによって追加的な収益が見込めます。

　HEROZは「将棋ウォーズ」で磨き上げたAIとそのビジネスモデルを他の市場にも横展開していきます。まず運用型のオンラインゲームに展開して成果をあげました。次に金融の世界に持ち込んで株価の予測に成功しました。さらに一級建築士が行う構造設計の定型業務にも展開し、AIの支援によって構造設計業務を70％も減らすことに成功したのです。

HEROZの横展開

建設	(株)竹中工務店	建物設備向けAI学習エンジン
建設	(株)竹中工務店	AIを搭載した空間制御システム 『Archiphilia™ Engine』
建設	(株)竹中工務店	構造設計AIシステム
金融	SMBC日興証券(株)	AI株式ポートフォリオ診断
金融	アルヒ(株)	住宅ローン不正利用検知システム 「ARUHIホークアイ」
金融	マネックス証券(株)	AI搭載のトレードカルテFX
エンタメ	(株)コーエーテクモ ゲームス	AIバトルボードゲーム 「三国志ヒーローズ」
エンタメ	Netmarble Corp.	リアルタイム戦略対戦モバイル ゲーム「Magic: ManaStrike」
エンタメ	(株)バンダイ	次世代デジタルカードゲーム 「ゼノンザード」

出所：HEROZ Webサイトより

デジタル技術の特性は、複製が容易で、組み合わせて利用できる点です。HEROZはこの特性を生かして、ノウハウを複製して横展開しています。

89 「融業型」の ビジネスモデル

▶ 「お金」のクラウド

　企業価値が高いもう1つのビジネスモデルは「融業型」です。これは、特定の業種において収益モデルを組み合わせて進化させるもので、その典型は、クラウドによる家計簿アプリと会計システムを提供する株式会社マネーフォワードです。

　マネーフォワードは金融（業種セグメント）に絞り、個人と法人のニーズを埋め尽くすようにビジネスモデルを融業していきました。

▶ 顧客基盤をつくって融業

　マネーフォワードは、家計簿アプリやクラウドサービスによって顧客基盤をつくり、その上に関連サービスを拡充します。個人向けにはお金の相談窓口を設け、法人向けには、企業間後払い決済なども手がけています。

　これらの多様なサービスには「継続課金」「広告料収入」「手数料収入」などの多様な収益モデルが備わっており、利用者が増えて好循環が回り出せば、一気に収益性が高まると期待されます。顧客基盤をつくった後でサービスを融業している点が高く評価されています。

BtoC領域

Money Forward Home

SiraTama
自動貯金アプリ

MONEY PLUS
くらしの経済メディア

Money Forward お金の相談
マネーフォワードMEユーザーの
ためのFP相談窓口

BtoB領域

Money Forward Business

BOXIL SaaS　BOXIL EXPO
マーケティングプラットフォーム

BALES　BALES CLOUD
インサイドセールス支援

STREAMED　**manageboard 2.0**
自動記帳ソフト　経営分析クラウド

核となるサービス

Money Forward ME
自動家計簿・資産管理サービス

Money Forward クラウド
バックオフィス向け
業務効率化ソリューション

個人向けの家計簿アプリはリリースから３年で利用者数300万人を突破、2020年４月には1000万人に達しました。法人向けの代表格であるクラウドサービスの「マネーフォワード　クラウド」は、経理や人事の作業負担を軽減し、業務効率を高めてくれます。

デジタル技術の「結びつける」という特性を生かして、垣根を超えたイノベーションに取り組み、多様な結びつきをプラットフォームで実現していきます。

90 ビジネスモデルの リユースとリサイクル

▶ 横展開は「型」をリユースする

　「横展開型」と「融業型」のビジネスモデルが、投資家達から期待されるのはなぜでしょうか。おそらく、資本効率が高いからだと考えられます。たとえば、「横展開型」の場合、HEROZのように得意とするビジネスモデルを、そのまま他の業種に持ち込んで多重利用します。適合する業種さえ見つけられれば、追加的な投資を最小限に抑えて展開できるので非常に効率的です。儲け方のノウハウを構造化されたまま使いまわすという意味で「リユース型」といえます。スーパーのレジ袋を形状を壊すことなく何度も利用するようなイメージです。

▶ 融業は「要素」をリサイクルする

　一方「融業型」の場合、マネーフォワードのように特定の業種においてさまざまな収益モデルを組み合わせます。そこで得られた顧客の情報を活用すれば、他の関連するビジネスにおいても適切な提案をすることができます。さまざまなサービスを展開して、収益を伸ばすことができるのです。これは、情報的経営資源を素材のレベルまで還元して多重利用するという意味で「リサイクル型」といえます。レジ袋のたとえでいえば、それを溶解して別のプラスチック製品を作っていくイメージです。

青丸の四角い構造部分を残して使い回す方法
ノウハウを構造ごと他に転写していくイメージ

融業リサイクル型の論理

青丸の三角の構造を崩して要素に分解して活用する方法
顧客の購買行動などの情報を多重利用するイメージ

作成:井上達彦研究室

91

コロナ危機で加速する
パラダイムシフト

▶ **静かな革命**

　本書で紹介したパラダイムシフトの今後について考察を深めましょう。6つのパラダイムシフトというのは、今始まったものではありません。長い年月をかけて、着々と静かに進んできたものです。

　しかしながら新型コロナウイルス感染症の流行により、そのシフトが加速しています。未曾有の環境の変化によって、誰の目にも明らかなものとなりつつあるのです。もはや悠長に構えている余裕はありません。

▶ **加速する理由**

　加速する理由は大きく2つあります。1つは技術系の理由です。最近急速に発達したデジタル革命によって、これまで不可能だったことが可能になりました。そして、その「可能であること」が、人と人との接触を制限する「非接触経済」に対してきわめて有効だからです。

　もう1つは人間系・社会系の理由です。コロナ危機によって人々の変化適応力は飛躍的に高まりました。通常であれば人々の認識というのはじわじわとしか変わりません。しかし、未曾有の危機によって多くの人がこれまでの常識が通用しなくなった事実を受け止めざるを得なかったのです。そして、前向きに対応できるようになったのです。

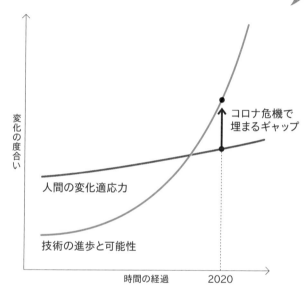

技術の進歩と人間の適応力の変化

変化の度合い

人間の変化適応力

技術の進歩と可能性

↑ コロナ危機で
埋まるギャップ

時間の経過　2020

出所：トーマス・フリードマン 伏見威蕃訳(2018)『遅刻してくれて、ありがとう』日本経済新聞出版社
　　　p.32に筆者が加筆して作成

技術の進歩によって切り開かれる可能性は大きくても、人間・社会の適応がその速度に追いつけなければ、その恩恵を十分に受けることはできません。

92 デジタル技術の本質

▶ ポータブルにする

　デジタル技術の特性は「複製が容易であること」、そして「ネットを経由して伝送できること」にあります。言葉にしにくいような情報やノウハウ（暗黙知）はカタチ（形式知）にするのが難しく伝えにくいものです。しかし、それをデジタル化すれば、インターネットなどを通じて伝送しやすく、ポータブルになるのです。そして、遠く離れたところにある情報やノウハウと結合して、新しい価値を生み出すのです。

▶ 組み合わせによる価値創出

　ポータブルになった情報やノウハウは企業間や部門間の垣根を越えて結びつき、P&Gやパナソニックのようにオープンイノベーションを引き起こします。また、社会的に眠っている資産を保有する供給者と、それを欲する消費者との間を結び、Airbnbやメルカリのようにマッチングプラットフォームをつくることを可能にします。

　コロナ危機においても、デジタル技術は情報やノウハウを伝え、結合を促します。そして、価値を生み出すことができるのです。デジタル技術によってパラダイムシフトが加速するのはこのためです。

デジタル技術の特性とビジネスモデル

❶ 複製が容易 ノウハウを
さまざまな業種に横展開

HEROZ

AIのアルゴリズム
頭脳ゲームエンジン
予測エンジン
分類エンジン
異常検知エンジン
ほか

職人がいる業種
オンラインゲーム
金融業
建設業など

❷ 結びつけて価値創造可能 プラットフォームなどで
融業

マネーフォワード

個人向け家計簿 ────┤ くらしの経済メディア
金融サービスの比較・申し込み
自動貯金アプリ・お金の相談窓口

法人向けクラウド ────┤ 自動記帳ソフト・経営分析ソフト
企業間後払い決済サービス

作成：井上達彦研究室

ノウハウなどの情報的経営資源は、①複製にコストがかからず、②使い減りせずに多重利用ができて、③組み合わせて使うことで新しい価値が生まれます。デジタル化によってこれらの特性が強化される、伝送も容易になります。

93 リフレームを促す

▶ 当たり前を疑う

　デジタル技術によってパラダイムシフトが加速する一方で、人や組織はそのスピードに対応できないものです。これまでの慣行にとらわれ、当たり前を疑って自ら変革できないからです。

　しかし、コロナ危機という外的変化によって、これまでの「当たり前」は通用しなくなります。「遠隔でできるはずがない」と思っていた仕事が、必要に迫られてそれなりにこなせるようになっているわけです。百聞は一見にしかず、「当たり前」を疑う姿勢を促します。

▶ 強制発想が強いられる

　これは、危機によって「強制発想法」が促されている状況です。イノベーションを起こすためには、意識的に異なる視点で考えるのが有効だと言われます。ピンチをチャンスとして捉えるような発想もその1つです。

　コロナ危機によって強制的に異なる視点で考えざるを得なくなりました。「人と人との接触が許されない状況でどのように価値創造すればよいのか」「デジタル技術を使えばどのような可能性が広がるのか」を前向きに発想せざるを得なくなり、今後もさらにビジネスモデルのパラダイムシフトが加速していくと考えられます。

先入観を書き出してみる

リアルの臨場感に
かなわない

接触しなければ
仕事にならない

業界の常識や先入観をいったん括弧に入れる

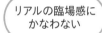

（リアルの臨場感に
かなわない）

（接触しなければ
仕事にならない）

新しい発想によるイノベーション

出所：井上達彦（2019）『ゼロからつくるビジネスモデル』東洋経済新報社、p.168をもとに作成

常識や先入観にとらわれないためには、具体的にどのような先入観をもっているかを書き出し、それにとらわれないように意識するのが有効だと言われます。

あとがき

　大学で教鞭をとっていて感じるのは、優秀な学生たちが就職先として選ぶ企業が、近年変わってきたことです。伝統的な大企業よりも、新しい時代を象徴する革新的な企業への関心が高まってきています。

　関心を集める企業に共通する特徴は、いずれも新しいビジネスモデルを採用している点にあります。優秀な学生たちは見えにくい経営にまで立ち入って評価しているのでしょう。一般の知名度やイメージではなく、儲けの構造や今後の成長性、そして挑戦できる環境などに関心があるようです。

　今後、新しい世代の若者たちが経済界をリードしていくことは間違いありません。そうすると一般の企業も、新興企業の収益の上げ方に触発され、ビジネスモデルや収益の上げ方をもっと意識するようになるはずです。ビジネスモデルの設計いかんで生み出せる価値や獲得できる利益が違うのだから当然です。

　ビジネスモデルという考え方はこれからの概念です。未成熟ではありますが、将来性のある考え方です。私たちは、これからもビジネスモデルの研究や教育に取り組んでいきます。

　本書の作成にあたって、多くの方々からご協力を賜りました。「ピクト図解」の考案者である板橋悟さんには、「ピクト図解」の監修をお引き受けいただきました。図解化の基本から応用まで伝授してくださったおかげで、

「パラダイムシフトの図解化」という挑戦的なテーマに取り組み、1つのアプローチを提示することができました。深く感謝申し上げます。

　井上達彦研究室の大学院生や学部ゼミ生たちには、編集や情報収集・作図を手伝ってもらいました。「ビジネスモデル研究・教育の拠点となる」というビジョンのもと、研究室が一丸となって取り組むことができたことを嬉しく思います。

　限られたスペースに図版を配置する作業は、デザイナーの野田明果さんが引き受けてくださいました。さまざまな図版を丁寧に仕上げてきれいにレイアウトいただきました。

　最後になりましたが、本書の出版のきっかけをつくってくださった日経 BPの永野裕章さん、細谷和彦さんに感謝申し上げます。細谷さんは筆者らの「こだわり」を理解し、本書をより読みやすいものにするために最後まで粘り強く対応してくださいました。

　本書が入門書として幅広く読まれることを祈念して。

2021年4月

井上　達彦

参考文献

Cusumano, M. A., Yoffie, D. B., and Gawer, A. (2019) *"The Business of Platforms : Strategy in the Age of Digital Competition , Innovation , and Power"* Harper Business

Cusumano, M. A., Yoffie, D. B., and Gawer, A. (2020) " The future of platforms" *MIT Sloan Management Review*

Learned. E. P., Andrews. K. R., Christensen, C. R., Guth, W.D (1965) *"Business Policy: Text and Cases"* Homewood/III, Irwin.

Teece, D. J. (2010) "Business models, business strategy, and innovation" *Long Range Planning* 43, 172-194.

Weihrich, H. (1982) " The TOWS matrix—A tool for situational analysis" *Long Range Planning*, 15 (2), 54-66.

アルン・スンドララジャン　門脇弘典訳 (2016)『シェアリングエコノミー』日経BP

アレックス・オスターワルダー、イヴ・ピニュール　小山龍介訳 (2012)『ビジネスモデル・ジェネレーション ビジネスモデル設計書』翔泳社

アレックス・オスターワルダー、イヴ・ピニュール、グレッグ・バーナーダ、アラン・スミス、関美和訳 (2015)『バリュー・プロポジション・デザイン 顧客が欲しがる製品やサービスを創る』翔泳社

アレックス・モザド／ニコラス・L・ジョンソン　藤原朝子訳 (2018)『プラットフォーム革命』英治出版

クリス・アンダーソン 小林弘人監修・解説 高橋則明訳 (2009)『フリー〈無料〉からお金を生み出す新戦略』NHK出版

クレイトン・M・クリステンセン、タディ・ホール、カレン・ディロン、デイビッド・S・ダンカン　依田光江訳 (2017)『ジョブ理論　イノベーションを予測可能にする消費のメカニズム』ハーパーコリンズ・ジャパン

ジェフリー・G・パーカー、マーシャル・W・ヴァン・アルスタイン、サンジート・ポール・チョーダリー　妹尾堅一郎監訳　渡部典子訳 (2018)『プラットフォーム・レボリューション』ダイヤモンド社

ジョアン・マグレッタ (2002)「ビジネスモデルの正しい定義：コンセプトのあいまいさが失敗を招く」『DIAMONDハーバード・ビジネス・レビュー』

スティーブ・ブランク (2013)「リーン・スタートアップ：大企業での活かし方」『ハーバードビジネスレビュー』

ティエン・ツォ、ゲイブ・ワイザード　桑野順一郎監訳　御立英史訳 (2018)『サブスクリプション「顧客の成功」が収益を生む新時代のビジネスモデル』ダイヤモンド社

トーマス・フリードマン　伏見威蕃訳 (2018)『遅刻してくれて、ありがとう』日本経済新聞出版社

ピーター・M・センゲ、枝廣淳子・小田理一郎・中小路佳代子訳 (2011)『学習する組織 システム思考で未来を創造する』英治出版

ビル・オーレット 月沢李歌子訳 (2014)『ビジネス・クリエーション！　アイデアや技術から新しい製品・サービスを創る24ステップ』ダイヤモンド社

ヘンリー・チェスブロウ 栗原潔訳 (2007)『オープンビジネスモデル 知財競争時代のイノベーション』翔泳社

ヘンリー・チェスブロウ 大前恵一朗訳 (2004)『OPEN INNOVATION』産業能率大学出版部

M・E・ポーター　土岐坤・中辻萬治・小野寺武夫訳 (1985)『競争優位の戦略』ダイヤモンド社

マーク・ジョンソン　池村千秋訳 (2011)『ホワイトスペース戦略　ビジネスモデルの〈空白〉をねらえ』CCCメディアハウス

ラリー・ヒューストン、ナビル・サッカブ　鈴木泰雄訳 (2006)「P&G：コネクト・アンド・ディベロップ戦略」『DIAMOND ハーバード・ビジネス・レビュー』

レイチェル・ボッツマン ルー・ロジャース 小林弘人監修・解説 関美和訳 (2010)『シェア〈共有〉からビジネスを生みだす新戦略』NHK出版

ロール・クレア・レイエ、ブノワ・レイエ　根来龍之監訳　門脇弘典訳 (2019)『プラットフォーマー　勝者の法則』日本経済新聞出版社

板橋悟 (2010)『ビジネスモデルを見える化する　ピクト図解』ダイヤモンド社

井上達彦 (2019)『ゼロからつくるビジネスモデル』東洋経済新報社

大野耐一 (1978)『トヨタ生産方式　脱規模の経営をめざして』ダイヤモンド社

川上昌直 (2019)『「つながり」の創りかた』東洋経済新報社

桜井厚 (2002)『インタビューの社会学』せりか書房

Web資料

板橋悟 (2014)『ビジネスモデルを「見える化」するピクト図解』ハーバード・ビジネス・レビュー〈https://www.dhbr.net/articles/-/2447?page=2〉(2020年9月20日閲覧)

板橋悟『ピクト図解&3W1Hメソッド公式サイト』〈http://3wih.jp/picto〉(2020年9月19日閲覧)

井上達彦 (2020)『将棋AI「HEROZ」驚異の成長を支えるビジネスモデルの意外な仕掛け』ダイヤモンドオンライン〈https://diamond.jp/articles/-/241828〉(2020年9月21日閲覧)

海部美知 (2019)「2018年米国ベンチャー投資総括」『KDDI 総合研究所 R&A』4 月号, pp.1-20.（2020年9月13日閲覧).

ダイヤモンド編集部『5分でわかる「サブスクリプション」、単なる定額制との違いは？』〈https://diamond.jp/articles/-/206121〉(2020年9月13日閲覧)

XPLANE『Empathy Map Worksheet』〈https://xplane.com/worksheets/empathymap-worksheet/〉(2020年9月15日閲覧)

Zuora『サブスクリプションエコノミーインデックス』〈https://jp.zuora.com/resource/subscription-economy-index/〉(2020年9月13日閲覧).

デジタルコンテンツのご案内

井上達彦研究室YouTube

井上達彦研究室note

「井上達彦研究室」では、書籍への理解を深めるためのデジタルコンテンツを用意しています。YouTubeやnoteで「井上達彦研究室」と検索してください。本書で解説した内容に加え、IoT（モノのインターネット）やOMO（オンラインとオフラインの融合）などの解説も行われています。このQRコードからもアクセス可能なのでご活用ください。

本書の協力メンバー

〈編集協力〉

坂井貴之	パターン適合
足立由依	シェア
前川泰誠	顧客洞察
深澤玲香	プラットフォーム
山田絵里	戦略分析

〈情報収集／図表作成〉　　　　　　　　　　　　　　　　※50音順

井上裕貴	オープンイノベーション
大本尚佳	サブスクリプション
近藤祐大	パラダイムシフト
齋藤怜那	オープンイノベーション
松尾　澪	プラットフォーム
和田友寿	フリー

〈E〉流通・マーケティング

〈F〉経済学・経営学

井上達彦（いのうえ・たつひこ）

早稲田大学商学学術院教授
1968年兵庫県生まれ。92年横浜国立大学経営学部卒業、97年神戸大学大学院経営学研究科博士課程修了、博士（経営学）取得。広島大学社会人大学院マネジメント専攻助教授などを経て、2008年より現職。経済産業研究所（RIETI）ファカルティフェロー、ペンシルベニア大学ウォートンスクール・シニアフェロー、早稲田大学産学官研究推進センター副センター長・インキュベーション推進室長などを歴任。主な著書に『ゼロからつくるビジネスモデル』（東洋経済新報社）『模倣の経営学』『模倣の経営学 実践プログラム版』『ブラックスワンの経営学』（以上、日経BP）等がある。

日経文庫1943
ビジュアル
ビジネスモデルがわかる

2021年4月15日　1版1刷

著　者	井上達彦
発行者	白石　賢
発　行	日経BP 日本経済新聞出版本部
発　売	日経BPマーケティング 〒105-8308　東京都港区虎ノ門4-3-12
印刷・製本	広研印刷
装丁	尾形 忍（Sparrow Design）
図版デザイン	野田明果
カバーイラスト	加納徳博

ISBN 978-4-532-11943-0
© Tatsuhiko Inoue, 2021

Printed in Japan